계절마다 이야기로 만들어가는 **사계절 메이커 놀이터**

We Can Do It!
with WeDo 2.0

박정호 강남아 김인철 권순찬 박성환 지음

머리말

오늘은 어떤 레고® 로봇을 만들어 볼까요?

레고를 처음으로 만들었던 덴마크 마을의 목수였던 크리스티안센 아저씨는 장난감 회사를 만들고, 회사의 이름을 '잘 논다(leg godt)'란 의미의 덴마크어를 줄여 레고(LEGO)라고 지었다고 해요. 레고 조립은 정말 재미있고 창조적인 놀이임에 틀림이 없지요. 그렇다면 레고로 움직이는 로봇도 만들 수 있을까요?

맞아요. 간단한 소프트웨어를 연결하면 움직이는 레고 로봇도 만들 수 있어요. 다양한 빛이 나는 희귀한 달팽이 로봇, 미지의 세계를 탐사하는 과학 탐사 차량 마일로, 씽씽 신나게 달리는 로봇 경주차, 꼬물꼬물 헤엄치는 올챙이 로봇, 개굴개굴 뛰어가는 개구리 로봇, 팔랑팔랑 꽃밭을 날아다니는 나비 로봇, 윙윙 시원한 선풍기 로봇도 만들 수 있어요. 그뿐만 아니라 위험에 빠진 동물을 구해주는 헬리콥터 로봇, 반짝반짝 빛나는 반딧불이 로봇, 분리수거 트럭 로봇까지... 정말 다양한 움직이는 로봇을 만들어 보게 될 거예요. 눈 위를 지그재그로 움직이는 돌고래 썰매 로봇을 만들어 친구들과 재미있는 썰매 게임 경주도 할 수 있지요.

여러분들이 경험하거나 상상하는 온갖 것을 레고 로봇으로 만들어 보아요. 물론 친구들과 협동해서 레고 로봇을 만든다면 더 멋진 로봇을 만들 수 있을 거예요. 레고 로봇의 비밀을 단계별로 차근차근 따라가다 보면, 여러분만의 놀라운 레고 로봇 작품이 탄생할 거예요!

여러분들은 이 책과 함께 레고 WeDo 2.0을 이용해 다양한 움직이는 나만의 로봇을 만들어 보게 돼요. 이 책은 봄, 여름, 가을, 겨울 모두 4개의 큰 주제를 중심으로 구성돼 있어요.

봄에는 레고 WeDo 2.0 친구들을 만나게 될 거예요. 레고 친구들의 이름과 움직임 그리고 사용법 등을 배우게 돼요. 이것들은 앞으로 여러분들이 만들게 될 로봇의 뼈대를 만드는 것이므로 꼭 알아야 해요. WeDo 2.0 소프트웨어 프로그램을 실행하게 된다면, 이제는 여러분들이 만든 달팽이 로봇이 다양한 빛을 내는 아주 멋진 달팽이가 될 거예요. 또한 우리가 갈 수 없는 미지의 세계로 우리가 만든 과학 탐사 차량 로봇 마일로를 보낼 수도 있답니다. 벌이 꽃 주위를 날아다니는 아름다운 봄의 동산도

씽씽 신나게 달리는 안전한 로봇 경주차, 그리고 차들과 사람들의 통행을 막는 나만의 차단기도 완성하게 될 거예요.

여름에는 레고 WeDo 2.0으로 여름에 우리가 볼 수 있는 모습들을 직접 만들어 볼 거예요. 꼬물꼬물 헤엄치는 올챙이 로봇, 개굴개굴 뛰어가는 개구리 로봇, 물의 양을 조절하는 댐의 문을 자동으로 열고 닫기, 꼬물꼬물 나뭇잎 위를 기어가는 애벌레, 팔랑팔랑 꽃밭을 날아다니는 나비 로봇, 윙윙 시원한 선풍기 로봇 등을 만들게 돼요.

가을에는 레고 WeDo 2.0으로 안전한 생활에 꼭 필요한 것들과 우리 생활을 편리하게 돕는 것들을 만들어 볼 거예요. 땅이 흔들리면서 일어나는 지진의 모습과 땅을 흔들리게 하는 장치 등을 만들어 볼 거예요. 또한 지진에 잘 견딜 수 있는 나만의 건물을 완성하게 돼요. 지진은 우리 사람들뿐만 아니라 동물들에게도 매우 위험해요. 헬리콥터 로봇으로 위험에 빠진 동물들을 구조해 보아요.
도로에 쌓인 낙엽을 깨끗하게 치워주는 낙엽 청소차, 쓰레기를 자동으로 내려주고 분리해 주는 분리수거 트럭 로봇 등으로 우리생활을 편리하게 도울 수도 있어요.
방향에 따라 다른 불빛을 내는 스스로 반짝이는 반딧불이 로봇도 만들어 보아요. 친구들과 함께 노랗고 빨갛게 물든 예쁜 나뭇잎 위에 반짝반짝 빛나는 반딧불이 로봇을 완성해 멋진 숲속을 완성해 보아요.

겨울에는 레고 WeDo 2.0으로 겨울과 관련한 로봇들을 직접 만들어 볼 거예요. 앞, 뒤로 움직이면서 쌓인 눈을 청소하는 제설기 로봇도 만들어 볼 수 있어요. 추운 겨울에 몇몇 동물들은 추위를 피하기 위해 겨울잠을 자요. 다람쥐, 뱀, 곰, 개구리 등이 그렇지요. 겨울잠을 자는 뱀에게 봄을 알려주는 알람 시계를 만들어 줄 수도 있어요. 또한 여러 가지 센서를 이용해 물체가 가까워지면, 흔들리면, 소리가 나면 등에 따라 움직이는 다양한 뱀의 움직임을 만들어 보게 될 거예요.
눈 위를 지그재그로 움직이는 돌고래 썰매 로봇을 만들어 친구들과 재미있는 썰매 게임 경주도 할 수 있어요. 즐거운 선물을 배달해 주는 루돌프 로봇, 산타 할아버지를 돕기 위한 선물을 분류하는 로봇, 겨울에 즐길 수 있는 우리만의 놀잇감까지 다양한 로봇들을 직접 만들어 볼 수 있어요.

와아~ 레고 WeDo 2.0과 함께하는 다양한 레고 로봇들! 생각만 해도 기대되죠? 자, 그럼 지금부터 세상에서 가장 놀라운 레고 로봇 모험을 떠날 준비가 되었나요?

오늘은 어떤 레고 로봇을 만들어 볼까요?

봄

1. WeDo야, 놀자! 8
2. 마일로와 떠나요! 14
3. 마일로와 함께해요! 20
4. 꽃의 친구가 왔어요! 26
5. 자동차 경기장에 가요! 32
6. 우리는 메이커 38

여름

1. 개굴개굴 개구리 42
2. 비가 내려요. 48
3. 꼬물꼬물 애벌레 54
4. 팔랑팔랑 나비 60
5. 윙윙 선풍기 66
6. 우리는 메이커 72

가을

- 76 ...... 1. 땅이 흔들거려요.
- 82 ...... 2. 동물들을 구조해요.
- 88 ...... 3. 나뭇잎이 떨어져요.
- 94 ...... 4. 반디야 놀자.
- 100 ..... 5. 분리수거를 해요.
- 106 ..... 6. 우리는 메이커

겨울

- 112 ..... 1. 눈이 내려요.
- 118 ..... 2. 겨울잠을 자요.
- 124 ..... 3. 겨울 놀이
- 130 ..... 4. 메리 크리스마스
- 136 ..... 5. 사랑을 전해요.
- 142 ..... 6. 우리는 메이커

봄1 WeDo야, 놀자!

1 WeDo 2.0 상자 안에는 무엇이 있을까요?

✿ 부품을 다양한 방법(비슷한 색깔, 비슷한 모양 등)으로 친구와 함께 모아 보세요.

✿ 봄을 나타내는 낱말을 만들어 보세요.

✿ 부품 그림을 보고 상자에 바르게 정리해 보세요.

2 WeDo 2.0 상자 안에 있는 브릭의 이름은 무엇일까요?

✿ 부품 이름의 색깔대로 부품 그림에 동그라미를 해 보세요.

조립판 빔 도르래 기어 축 바퀴통

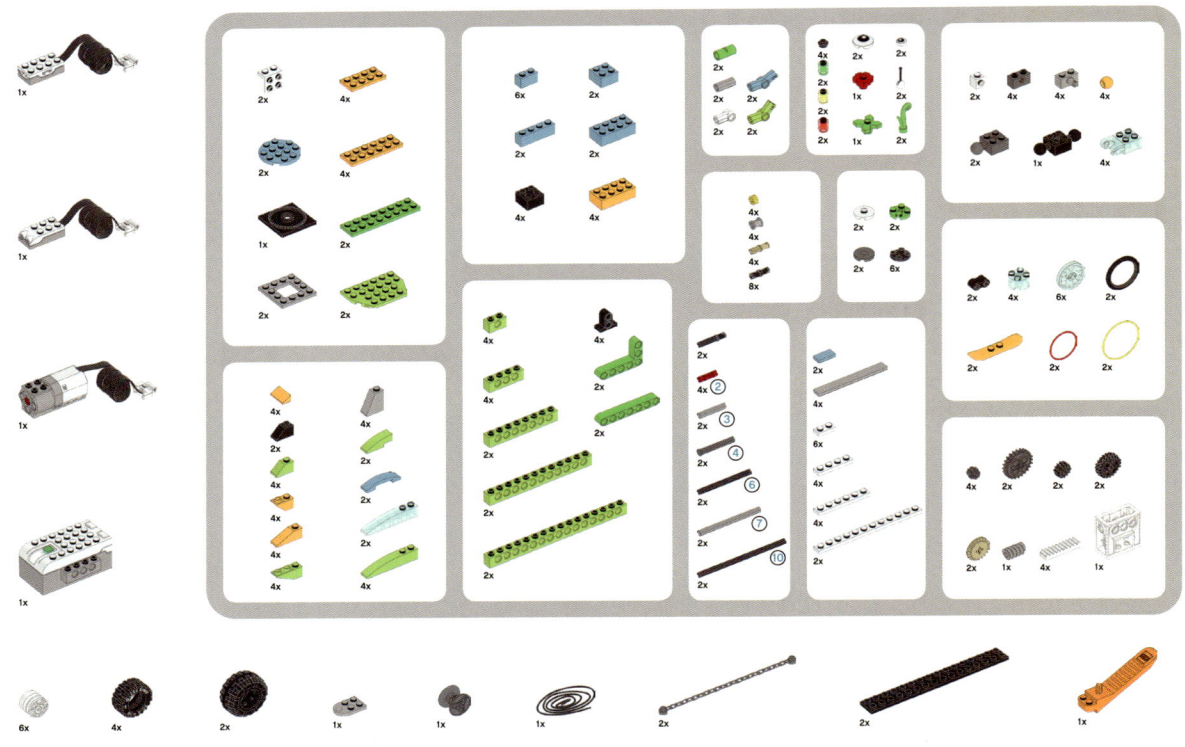

3 브릭 친구들을 움직이는 신기한 전자 부품을 알아보세요.

미디엄 모터
움직임이나 동작을 만들어내요.

스마트 허브
모터나 센서를 컴퓨터와 연결해요.

기울기 센서
기울기에 따라 반응해요.

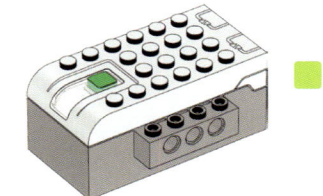

동작 센서
물체로부터 거리의 변화를 감지해요.

4 부품의 다양한 사용법을 알아보세요.

기어란? 뾰족뾰족 톱니가 달린 바퀴에요. 회전하면서 다른 부품을 움직이게 해요.

도르래란? 벨트를 걸 수 있도록 홈이 패인 바퀴에요. 힘의 방향을 바꾸거나 전달해요.

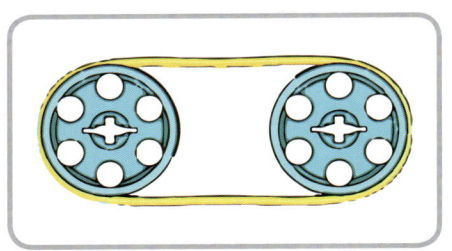
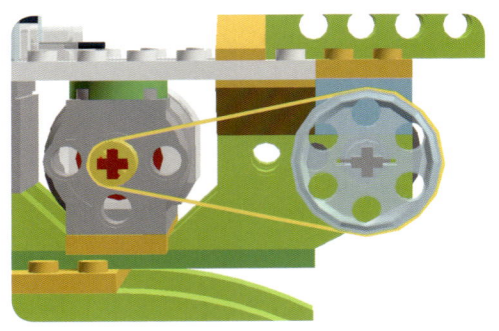

축이란? 바퀴가 부드럽게 회전하도록 도와줘요. 각각 길이에 따라 그 이름이 달라요.

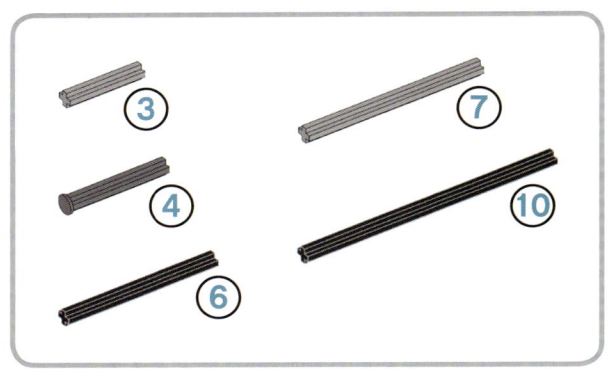
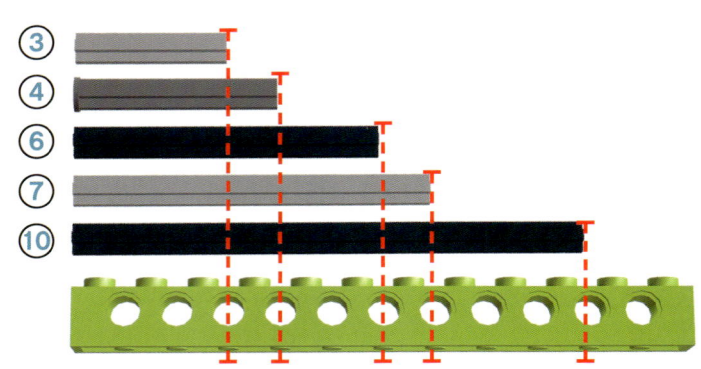

연결 핀이란? 브릭과 브릭을 연결할 때 사용해요.

부시란? 축이나 바퀴가 빠지지 않게 도와요.

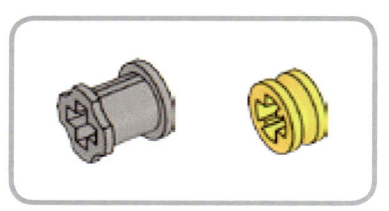

봄1 WeDo야, 놀자!

5 스마트 허브를 블루투스로 연결해 보세요.

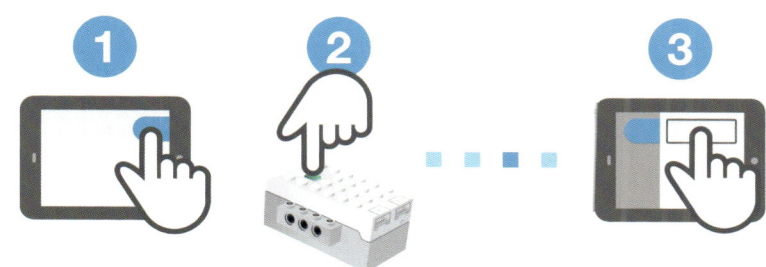

① Wedo 2.0을 시작하고 오른쪽 블루투스 연결 창 을 클릭하세요.
② Wedo 2.0 스마트 허브의 녹색 버튼을 눌러보세요.
③ 연결하고자 하는 스마트 허브를 클릭하세요.

6 프로그래밍 캔버스에 도구 모음, 프로그램 블록 등을 관찰하고 조명 블록을 끌어와 프로그램을 작동해 보세요. (스마트 허브 LED를 관찰해 보세요.)

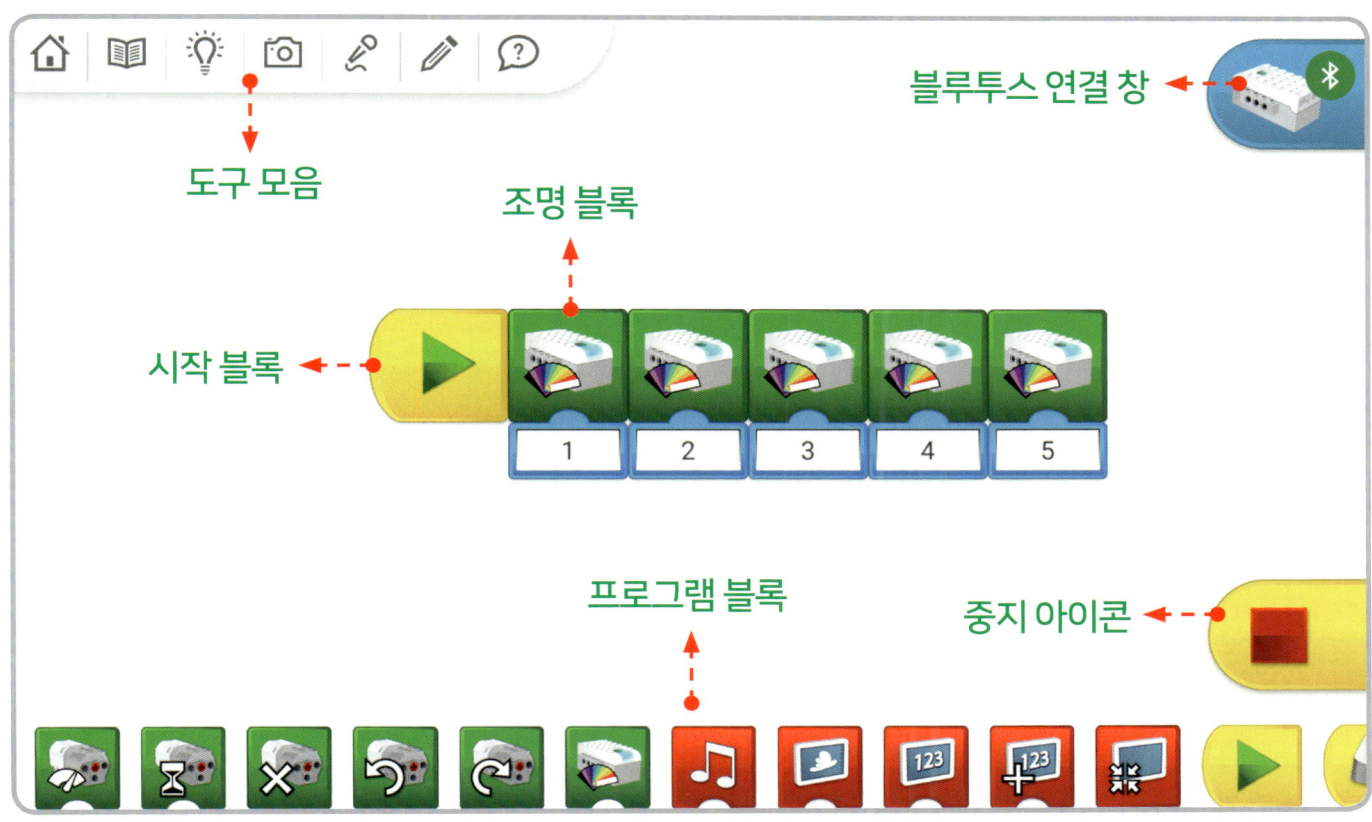

※ 프로그램 문자열을 실행할 때는 ▶ 을 클릭하세요.

※ ■ 을 클릭하면 프로그램의 모든 기능이 멈춰요.

※ 의 숫자(0~10)를 다르게 입력하면 색깔을 바꿀 수 있어요

7 비가 주룩주룩 내리는 봄날, 맥스와 미아가 희귀한 달팽이를 발견했어요.
그런데 그 달팽이는 초록색 빛을 내며 서로 이야기를 주고 받고 있어요.
여러분도 달팽이를 빛나게 해 보세요.

8 달팽이와 달팽이 로봇에서 같은 일을 하는 부분을 찾아 동그라미를 그리고 연결해 보세요.

✿ 달팽이 로봇을 만들어 보세요. (WeDo 2.0 앱 실행 – 시작하기 – 빛나는 달팽이)

봄1 WeDo야, 놀자!

9 다양한 빛이 나도록 나만의 달팽이 로봇 프로그램을 코딩해 보세요.

✿ 달팽이를 초록색→분홍색→노란색 순으로 빛나게 하려면 어떻게 코딩을 해야 할까요? 스티커를 붙여 보세요.

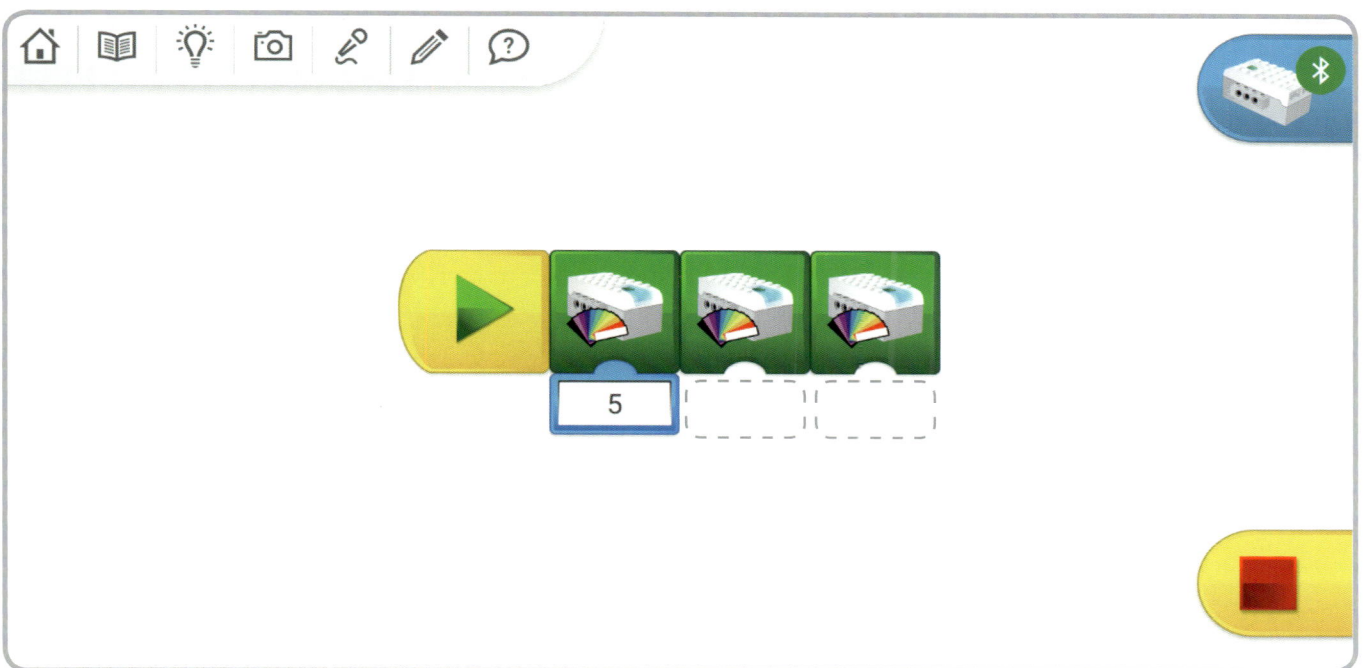

10 위에서 연습한 코딩을 하나로 연결해 보세요.

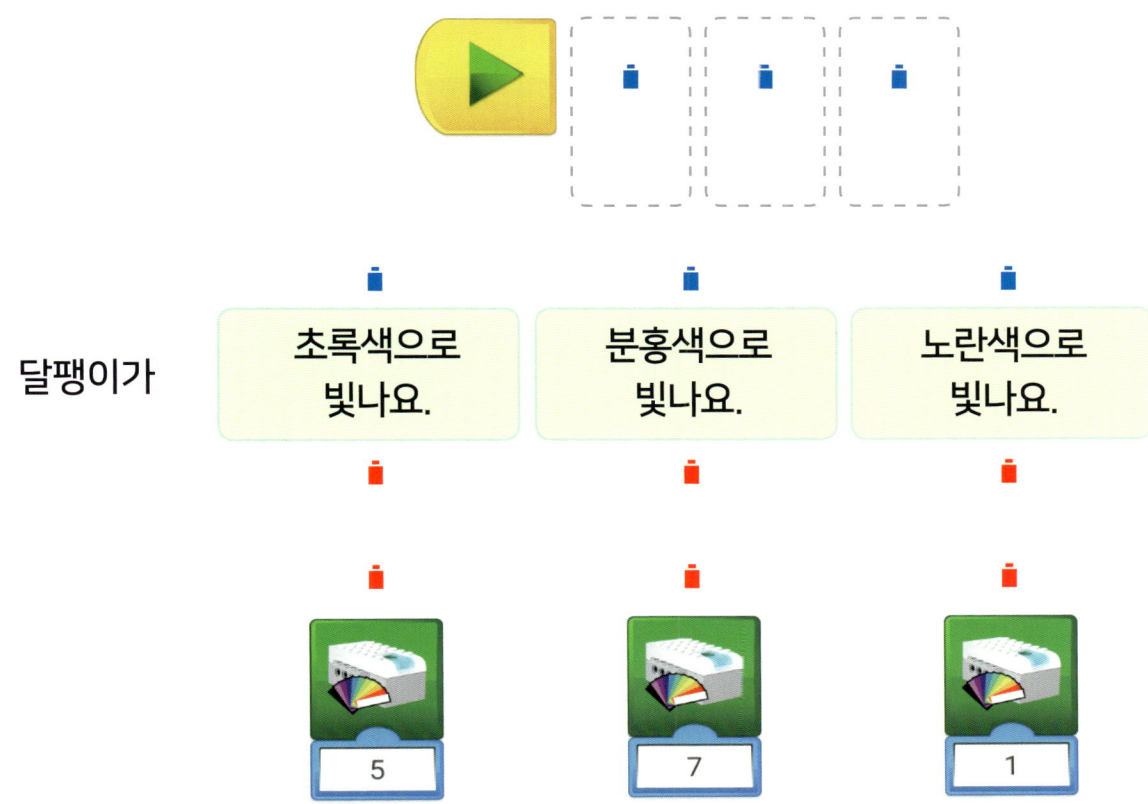

봄2 마일로와 떠나요!

1 맥스, 미아와 함께 미지 세계의 새로운 식물을 찾아 탐험 여행을 떠나 볼까요?
그런데 맥스와 미아가 직접 갈 수 없는 곳도 있어요. 그곳은 어떻게 탐험해야 할까요?

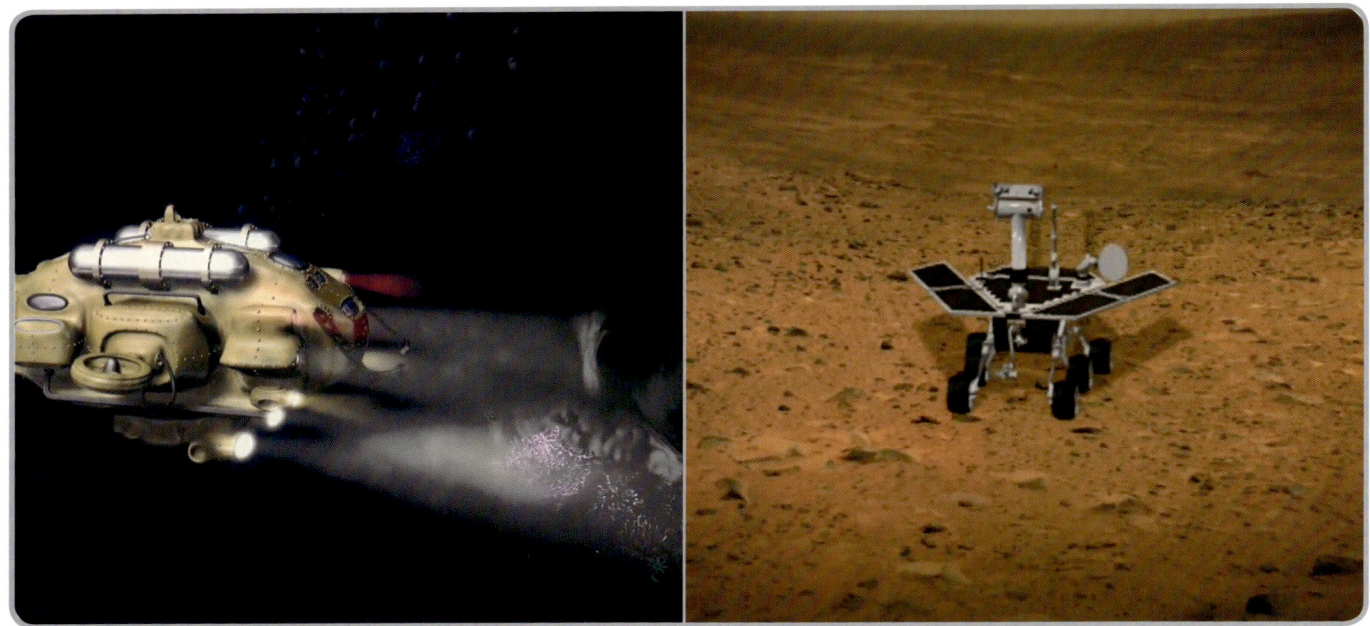

❋ 나의 생각을 친구들과 이야기하며 나누어 보세요.

2 과학 탐사 차량 마일로를 움직이게 하는 전자 부품은 무엇일까요?

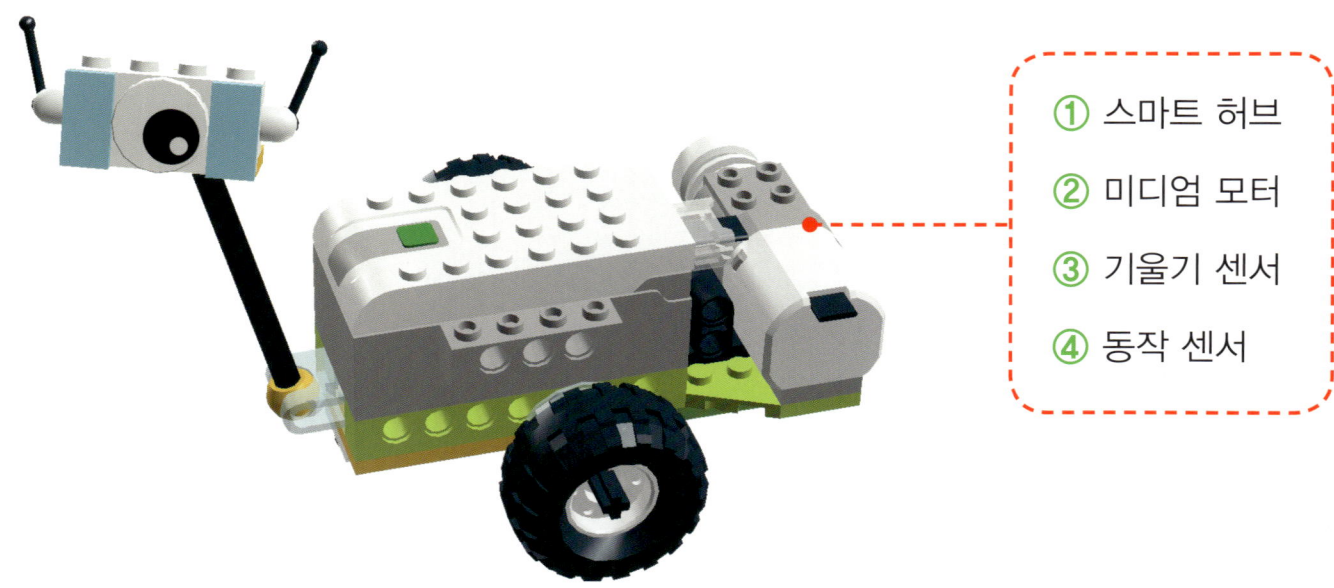

① 스마트 허브
② 미디엄 모터
③ 기울기 센서
④ 동작 센서

3 사람이 직접 가기 어려운 곳을 탐사할 수 있는 과학 탐사 차량 마일로를 만들어 보세요.
* WeDo 2.0 앱 실행 - 시작하기 - A.과학 탐사 차량 마일로

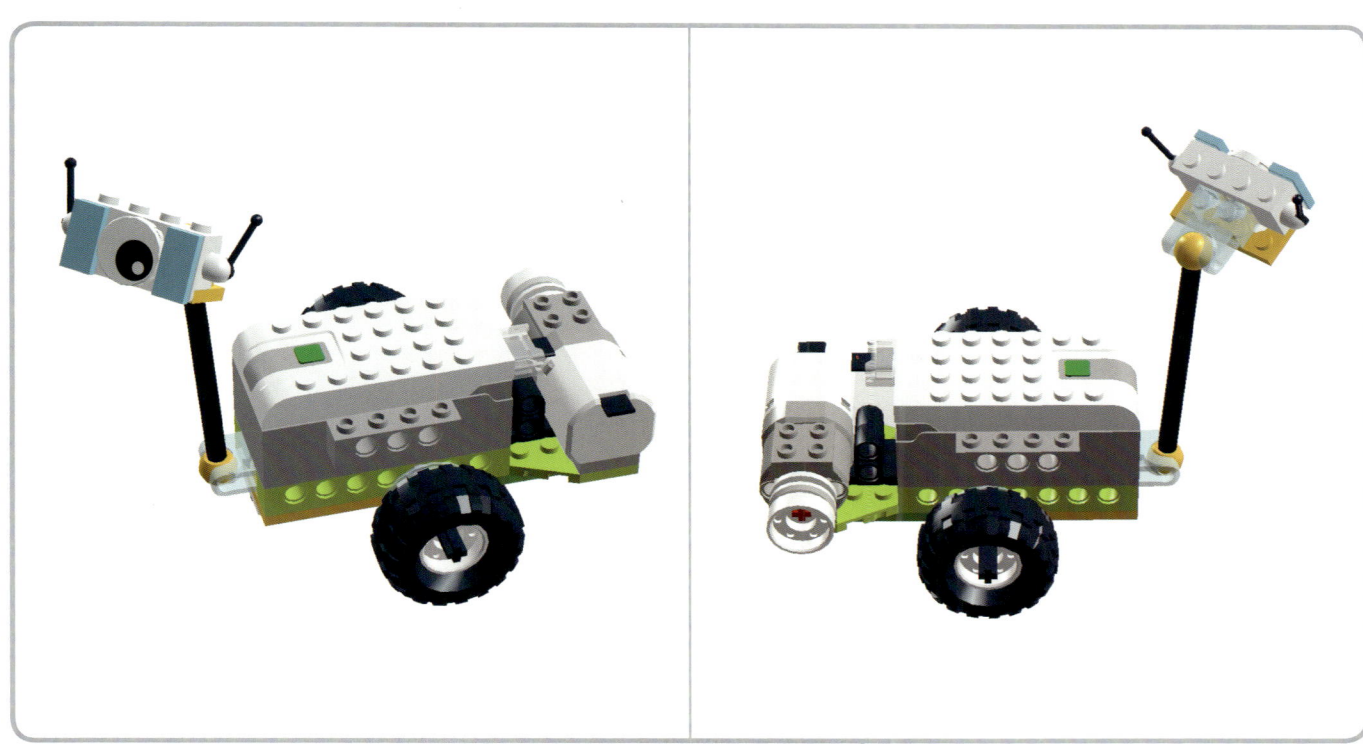

4 과학 탐사 차량 마일로가 앞으로 움직이게 하려면 어떻게 코딩해야 할까요?
스티커를 붙여 보세요.

* (모터 방향 블록)은 모터가 그림의 방향으로 돌아가요. 블록을 클릭하면 반대 방향 (　)으로 바꿀 수 있어요.

* (모터 힘 블록)의 숫자(0~10)를 다르게 입력하면 모터의 힘을 바꿀 수 있어요.

5 마일로가 2초 동안 앞으로 움직일 수 있도록 아래와 같이 코딩해 보세요.

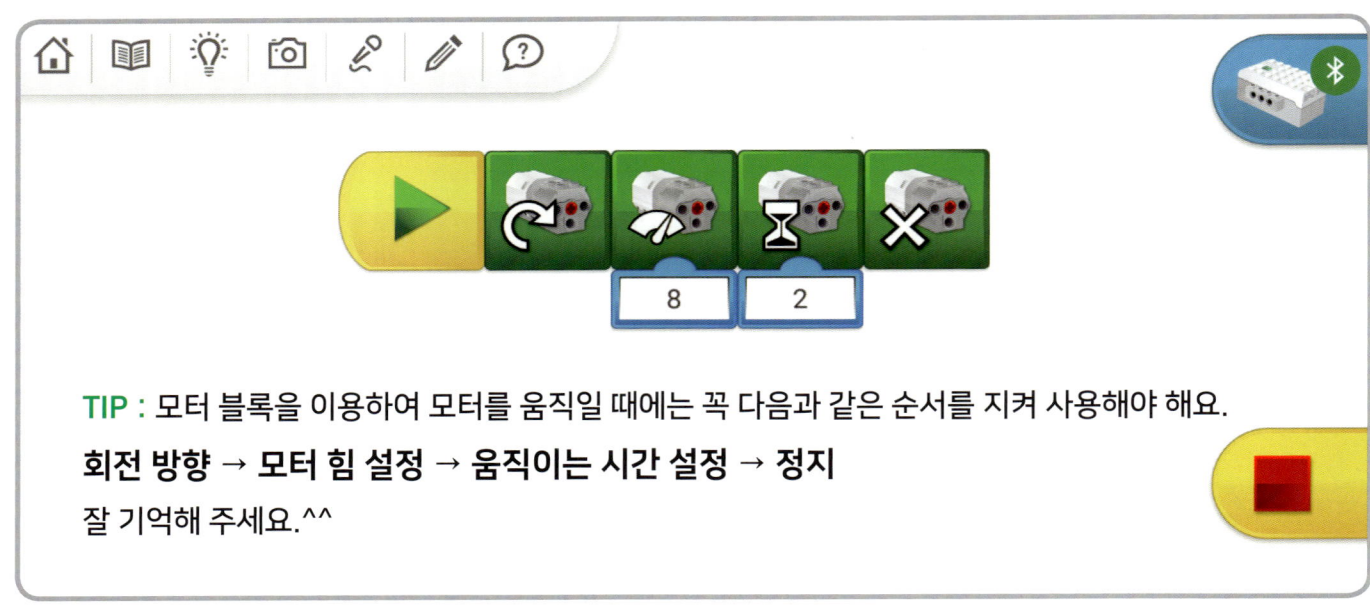

TIP : 모터 블록을 이용하여 모터를 움직일 때에는 꼭 다음과 같은 순서를 지켜 사용해야 해요.

회전 방향 → 모터 힘 설정 → 움직이는 시간 설정 → 정지

잘 기억해 주세요.^^

- 모터 켜짐 시작 블록은 입력한 시간만큼 모터가 움직여요.
- 모터 꺼짐 블록은 모터가 모든 동작을 멈추게 해요.

6 책상 위를 탐험하는 마일로가 책상에서 떨어지지 않도록 하려면 어떻게 코딩을 해야 할까요? 스티커를 붙여 보세요.

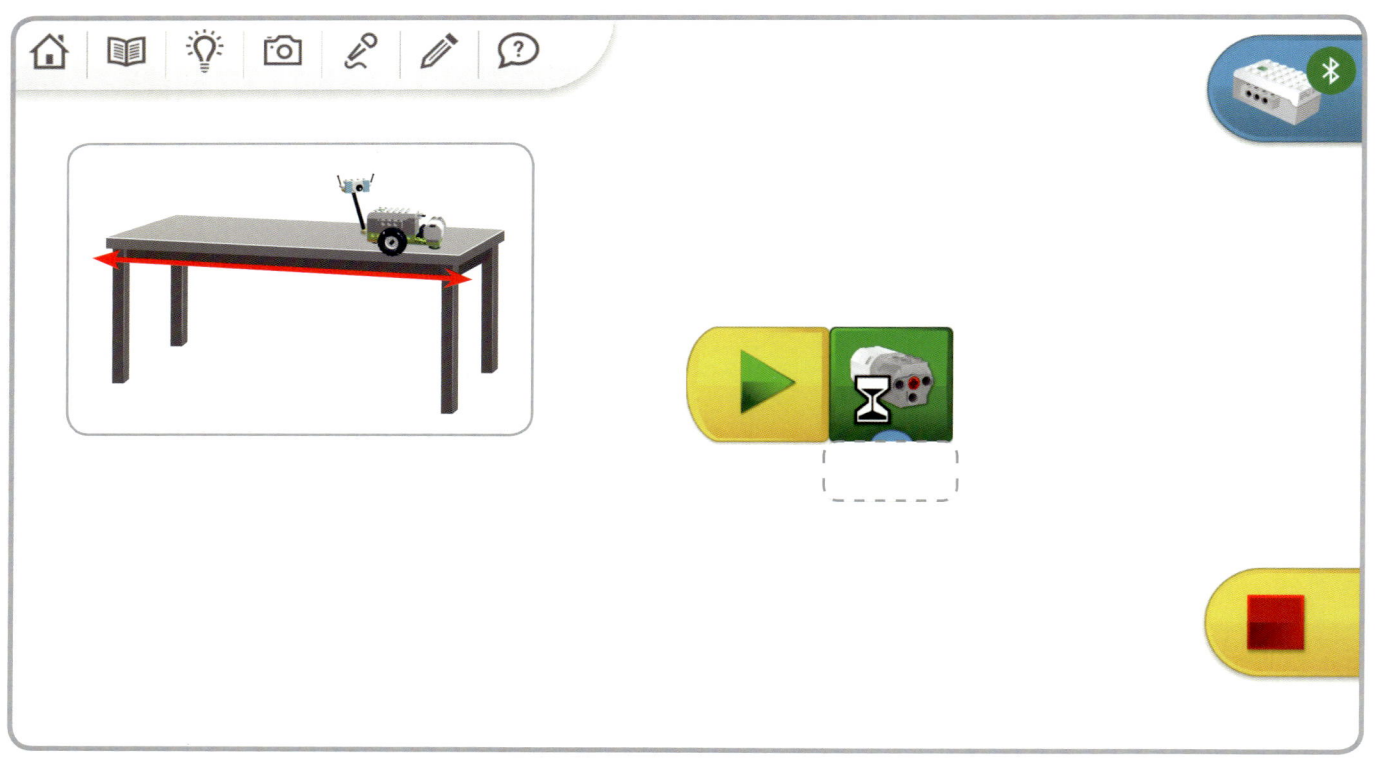

봄2 마일로와 떠나요!

7 마일로가 새로운 식물을 발견하면 멈춰서 식물을 탐색할 수 있도록 코딩해 볼까요? 모터 켜짐 시간 블록과 모터 꺼짐 블록을 활용해 보세요.

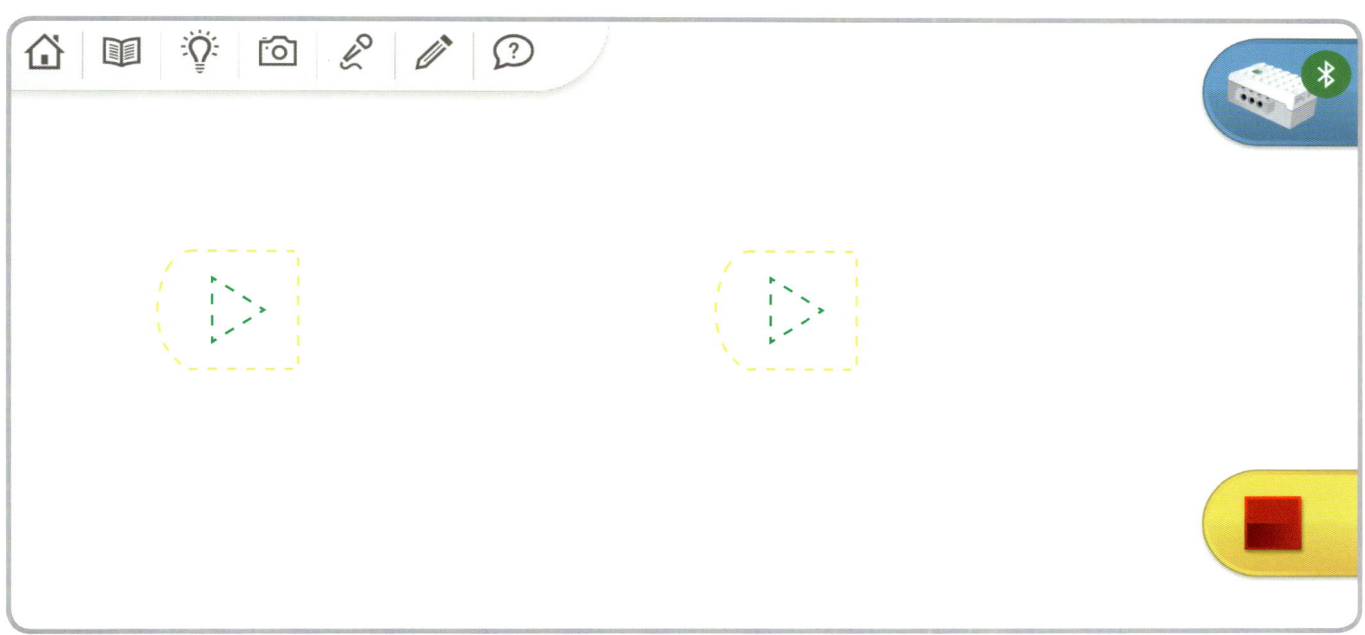

✽ 나의 생각을 친구들과 이야기하며 나누어 보세요.

8 동작 센서는 어떤 일을 할까요? 동작 센서를 스마트 허브에 연결하고 값을 읽어 보세요.

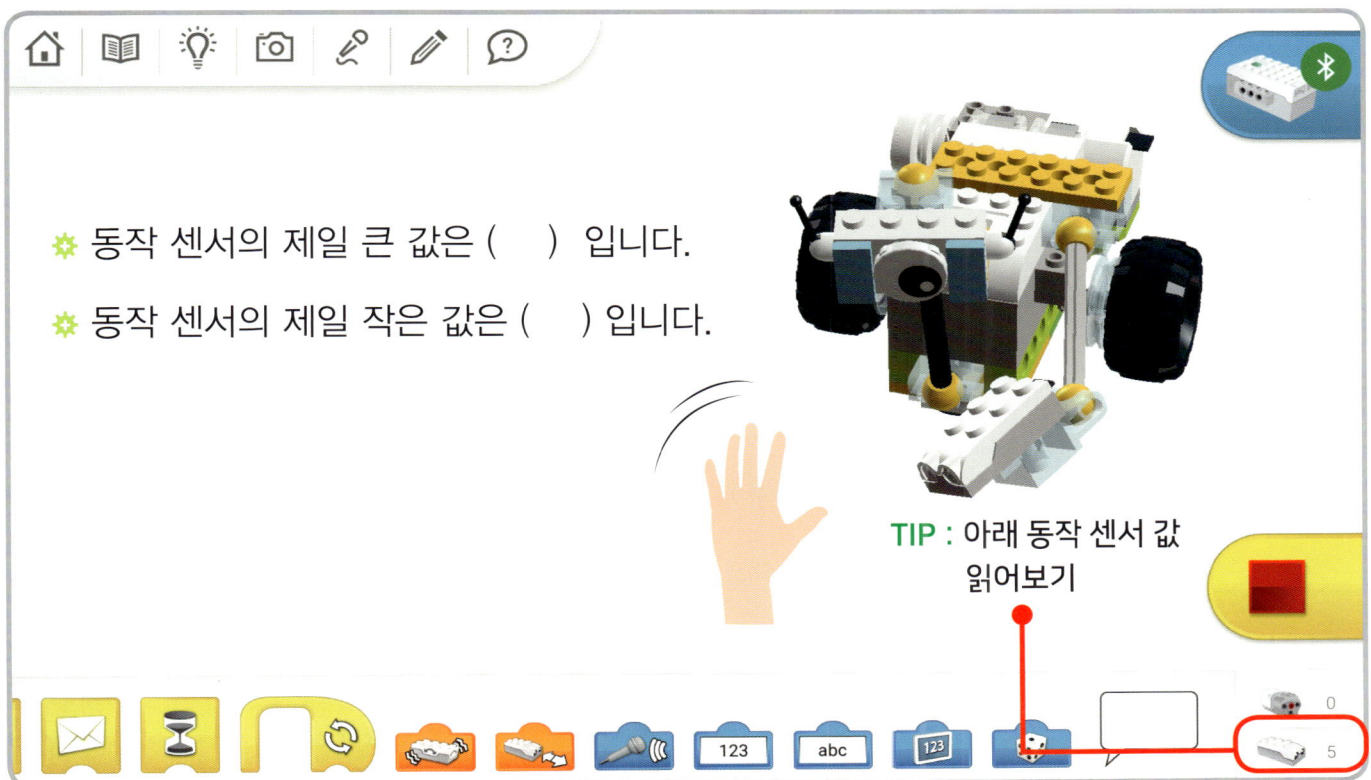

✽ 동작 센서의 제일 큰 값은 (　) 입니다.

✽ 동작 센서의 제일 작은 값은 (　) 입니다.

TIP : 아래 동작 센서 값 읽어보기

9 마일로가 식물을 발견할 수 있도록 만들어 보세요.
* WeDo 2.0 앱 실행 – 시작하기 – B.동작 센서

10 대기 블록의 위치에 따라 다른 움직임을 관찰해 보세요.

* ⏳ 은 일정 시간 동안 또는 입력을 감지할 때까지 기다려요.

* ⏳ 은 물체와 거리가 가까워지거나 멀어질 때까지 기다려요.
동작 센서 모드를 클릭하면 방식을 바꿀 수 있어요.

봄2 마일로와 떠나요!

11 마일로가 식물 앞에서 멈출 수 있도록 코딩해 보세요.

✿ 마일로가 4의 힘만큼 앞으로 움직이다가 식물을 발견했을 때 멈추게 하려면 어떻게 해야 할까요? 스티커를 붙여 보세요.

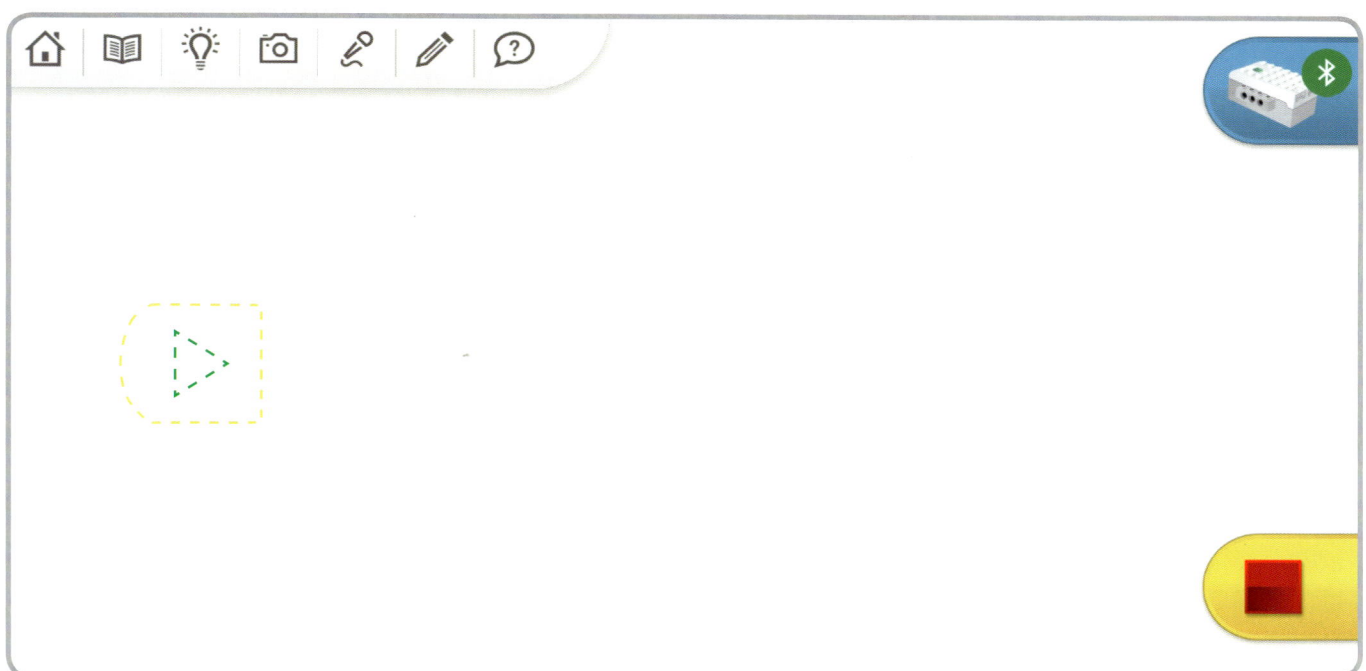

정리하기

알맞은 블록끼리 이어 보세요.

봄3 마일로와 함께해요!

1 우주로 새로운 식물을 찾아 떠난 마일로는 기쁜 소식을 미아와 맥스에게 전하고 싶어요. 어떻게 전할 수 있을까요?

❋ 나의 생각을 친구들과 이야기하며 나누어 보세요.

2 마일로가 메시지를 전송하는 전자 부품은 무엇일까요?

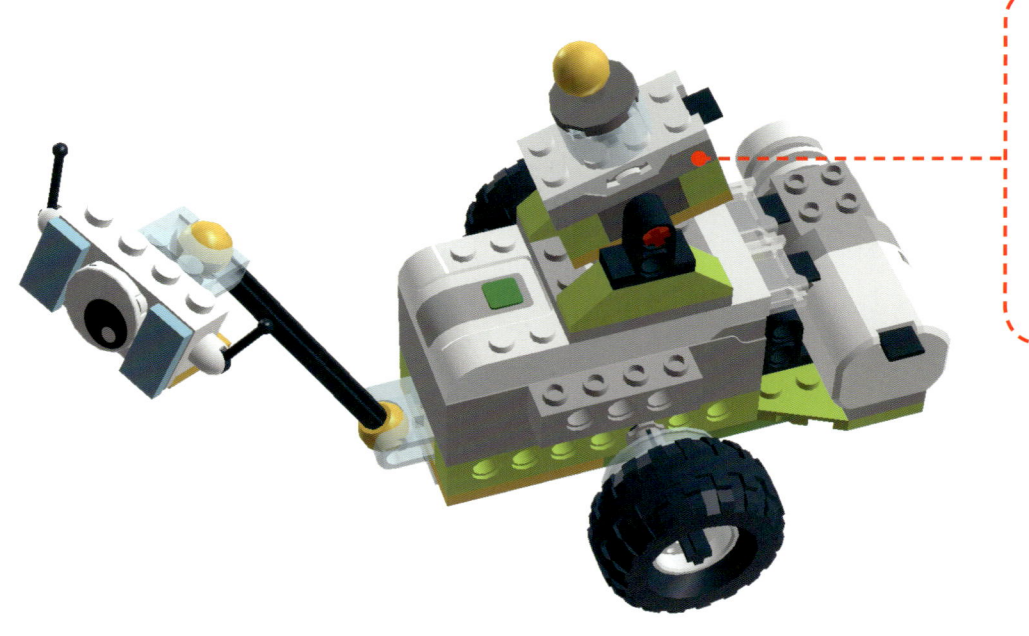

① 스마트 허브
② 미디엄 모터
③ 기울기 센서
④ 동작 센서

3 마일로가 소식을 전할 수 있도록 움직이는 메시지 전송 장치를 만들어 볼까요?

✿ WeDo 2.0 앱 실행 - 시작하기 - C. 마일로의 기울기 센서

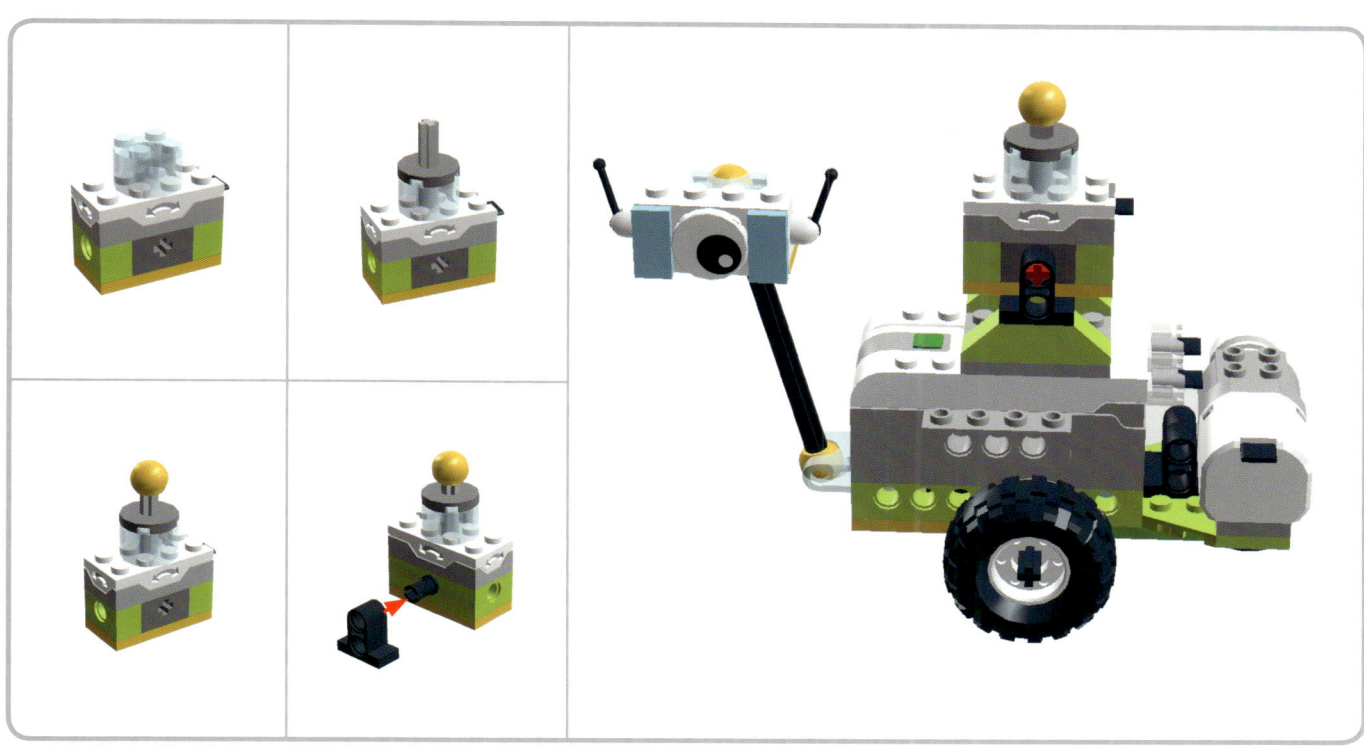

4 자신이 좋아하는 숫자가 화면에 나타나도록 아래와 같이 코딩해 보세요.

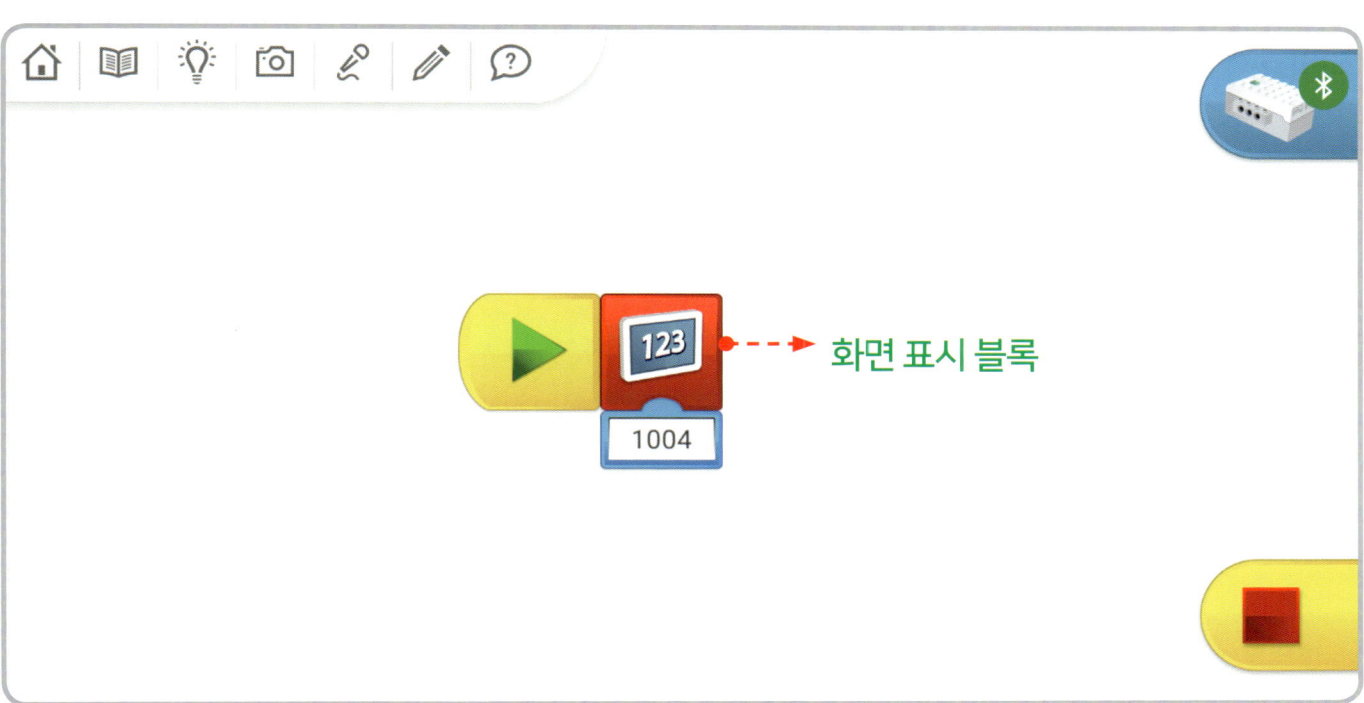

✿ 은 입력된 문자(한글, 영어)나 숫자를 화면에 표시해요.

5 지구의 맥스와 미아에게 '꽃 발견'이라는 메시지를 보내려면 어떻게 코딩해야 할까요? 스티커를 붙여 보세요.

6 마일로가 맥스와 미아에게 소식을 계속 전할 수 있도록 코딩해 보세요.
  ✿ 아래쪽으로 기울면 빨간색 빛을 내고 장치에 빈 화면이 나타나도록 아래와 같이 코딩해 보세요.

대기 블록+기울기 센서

  ✿ (대기 블록+기울기 센서)는 기울기 센서가 그림과 같이 기울어질 때까지 기다려요. 기울기 센서 모드를 클릭하면 방식을 바꿀 수 있어요.

7 위쪽으로 기울면 빛이 꺼지고 장치의 화면에 'Milo'라고 나오게 하려면 어떻게 해야 할까요? 스티커를 붙여 보세요.

8 위에서 연습한 코딩을 하나로 연결해 보세요.

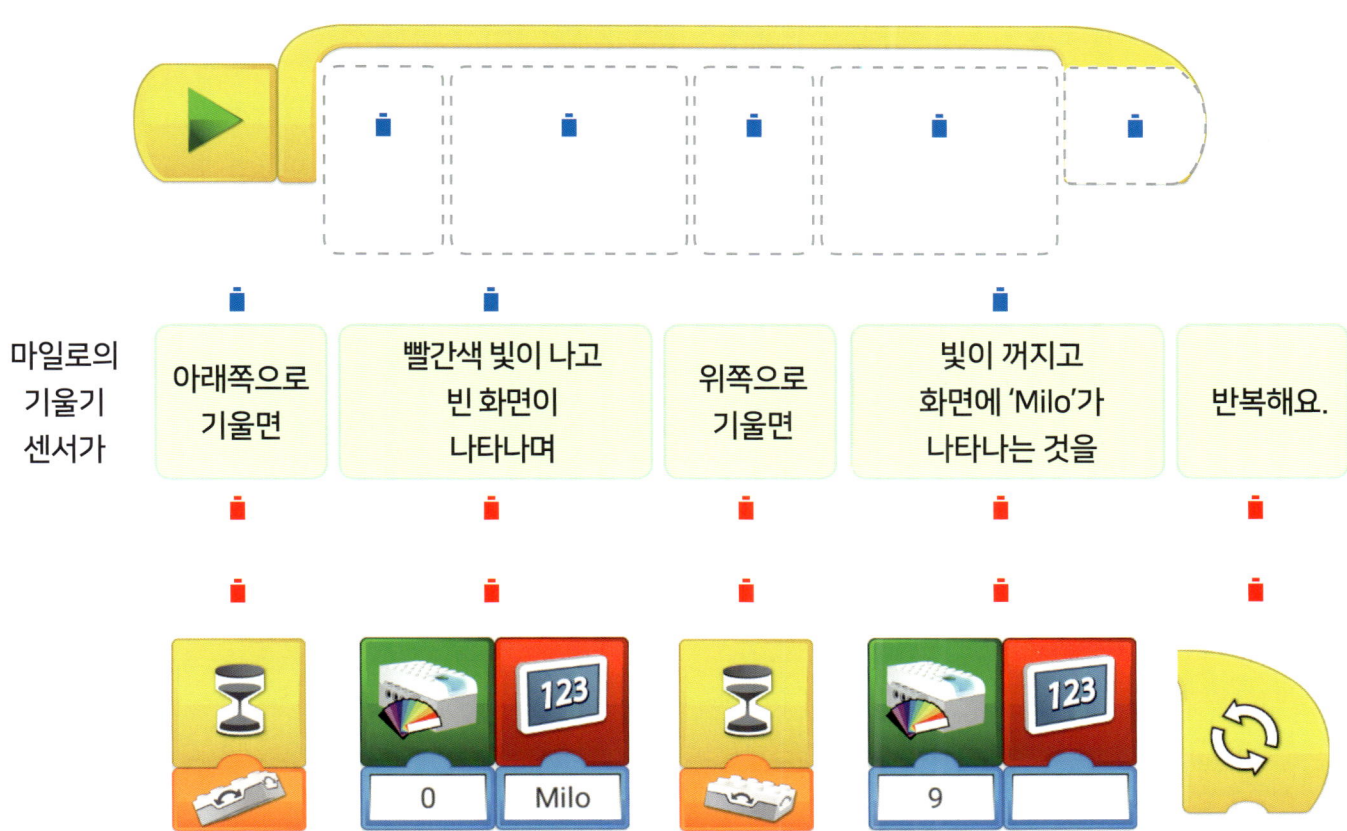

9 마일로가 다른 탐사 차량과 협력하여 식물을 옮길 수 있도록 만들어 보세요.
 ✿ WeDo 2.0 앱 실행 – 시작하기 – d.협력

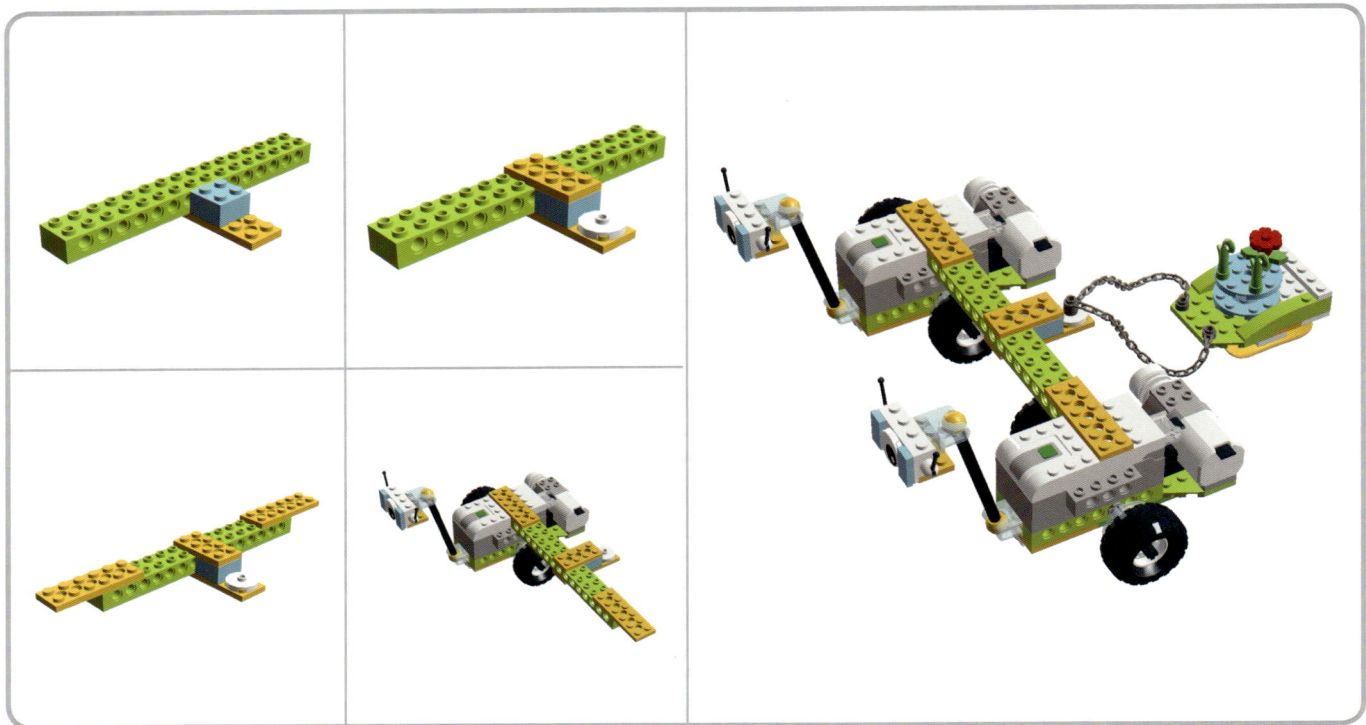

10 마일로가 다른 탐사 차량과 협력하여 식물을 옮길 수 있도록 코딩해 보세요.
 ✿ 두 대의 마일로가 동시에 앞으로 가며 식물을 옮기려면 어떻게 해야 할까요? 스티커를 붙여 보세요.

봄3 마일로와 함께해요!

❈ 연결된 두 대의 마일로를 오른쪽 또는 왼쪽으로 움직이게 하려면 어떻게 해야 할까요?

협력하기

두 대의 마일로가 힘을 합쳐 출발하여 반환점을 돌아오는 활동을 해 보세요.

반환점

출발선

봄4 꽃의 친구가 왔어요!

1 알록달록 예쁜 꽃들 사이로 여기저기 윙~ 윙~ 날아다니는 곤충은 누구일까요? 꽃 주변에 있는 다양한 곤충들을 찾아보세요.

2 겨울에서 봄이 되면 날씨가 따뜻해져 나와 주변의 모습이 달라져요. 아래의 그림에서 봄의 모습이 나타나는 곳에 동그라미를 그려 보세요.

3 레고® WeDo 2.0 브릭으로 봄 동산을 만들어 보세요.

4 꽃과 벌은 맥스와 미아처럼 서로에게 도움을 주는 소중한 친구예요. 이제, 꽃가루로 채워진 꽃 주위를 날아다니는 벌 로봇을 만들어 보세요.

✿ WeDo 2.0 앱 실행 – 안내형 프로젝트 – 5.식물과 수분매개체
✿ 사진을 보고 꽃과 벌의 모델에서 움직여야 하는 부분을 색연필로 그려 보세요.

5 벌이 꽃의 주변을 날아다닐 수 있도록 코딩해 보세요.
   ✿ 4의 힘만큼 움직이도록 아래와 같이 코딩해 보세요.

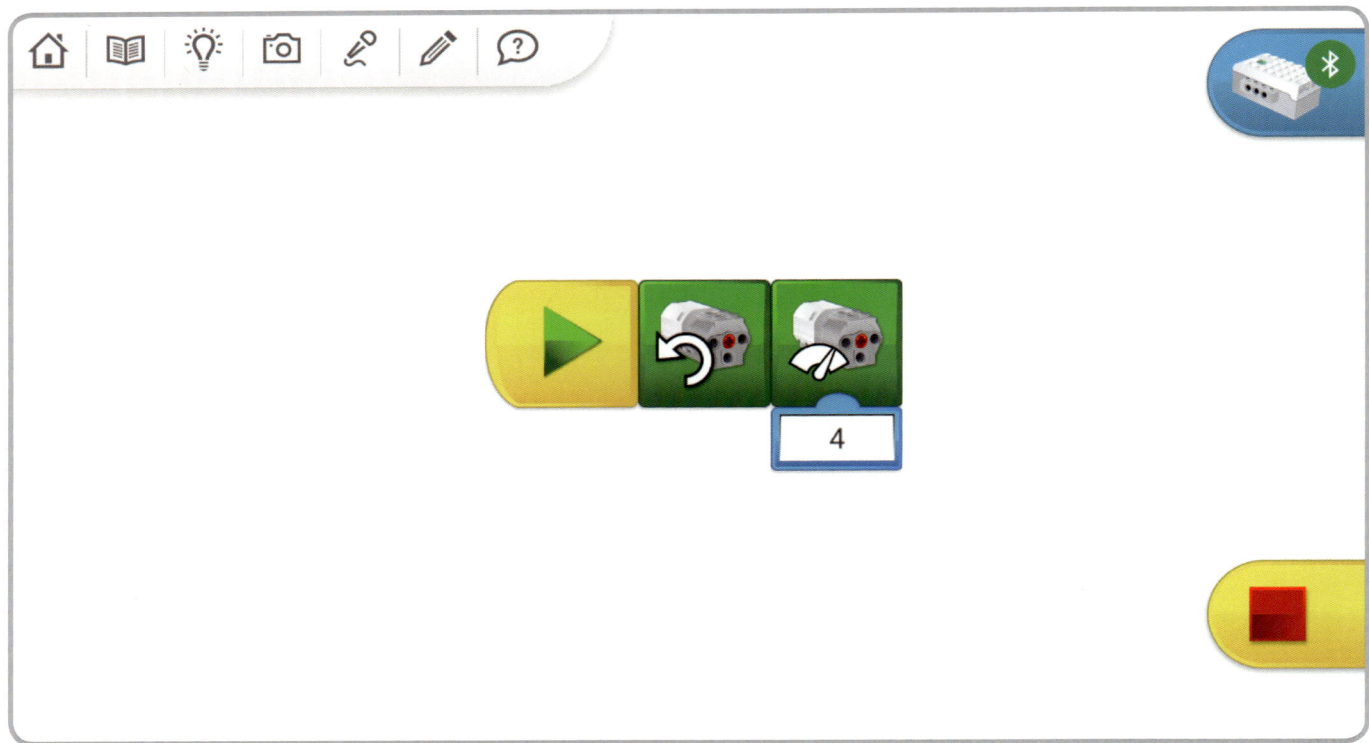

6 벌이 꽃을 발견하면 멈출 수 있도록 에 알맞은 숫자를 적어 보세요.

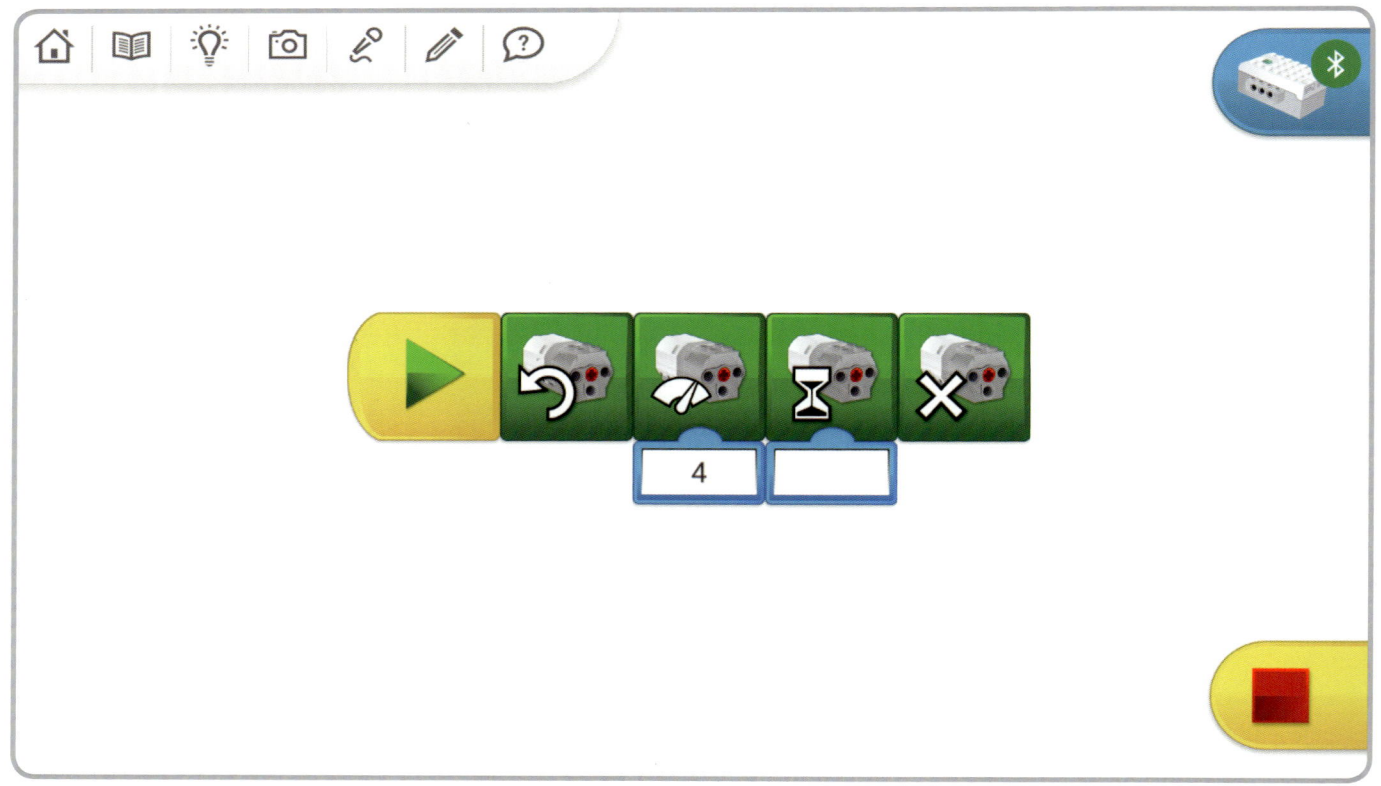

봄4 꽃의 친구가 왔어요!

7 동작 센서를 사용하여 벌이 꽃을 발견했을 때 멈추도록 하려면 어떻게 코딩해야 할까요? 스티커를 붙여 보세요.

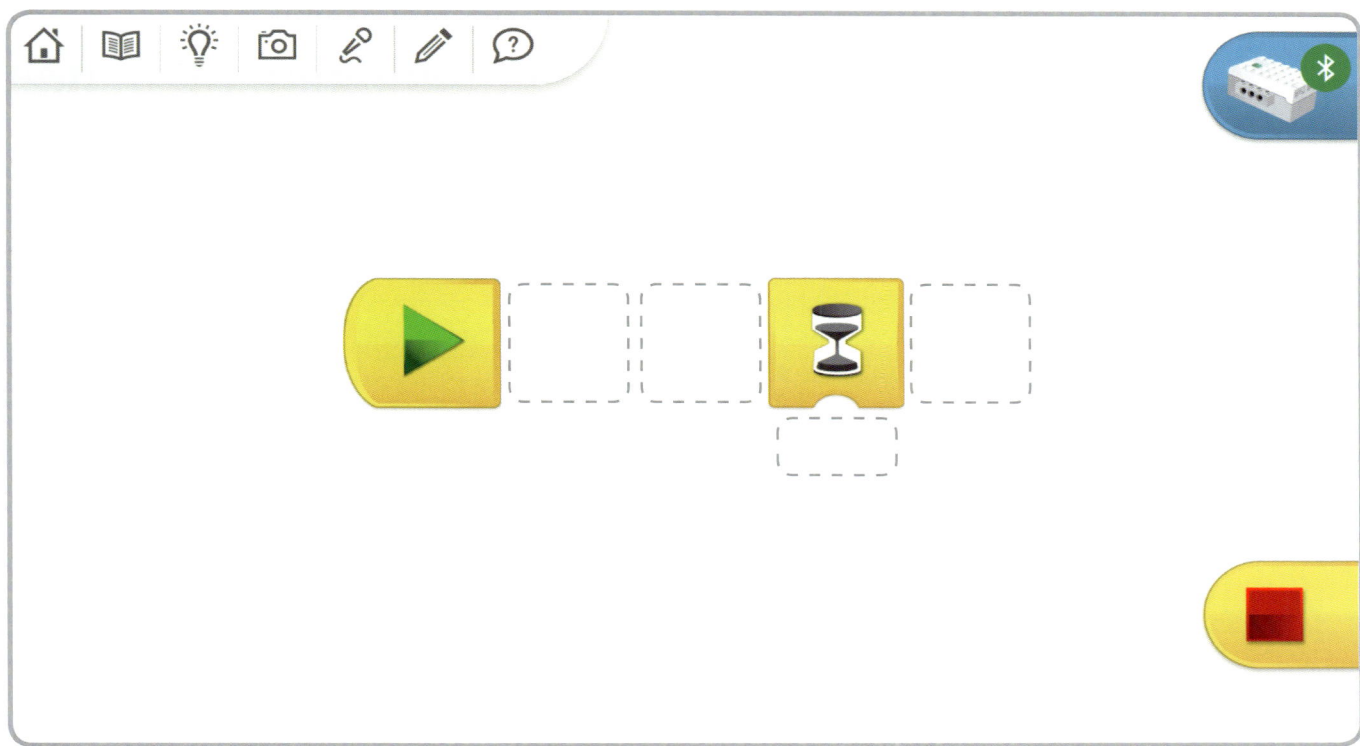

8 다른 벌들에게 꽃밭의 위치를 알려주고 싶어요. 사운드 블록을 사용하여 벌의 소리가 나도록 하려면 어떻게 코딩해야 할까요? 스티커를 붙여 보세요.

의 숫자를 다르게 입력하면 소리를 바꿀 수 있어요.

9 위에서 연습한 코딩을 하나로 연결해 보세요.

10 모터의 힘에 따라 벌이 멈추는 곳이 어떻게 달라지는지 관찰한 후에, 꽃 위에 벌이 멈추는 모터의 힘을 찾아 동그라미를 그려 보세요.

모터의 힘	2	4	6	8	10
벌이 멈추는 곳					

봄4 꽃의 친구가 왔어요!

11 우리도 벌이 되어 볼까요? 소리 녹음 도구로 내 목소리를 녹음해 친구들에게 들려 주세요.

✱ 소리 블록은 소리를 재생해요. 0을 넣으면 녹음한 소리를 재생할 수 있어요.

협력 활동

친구들과 함께 다양한 봄꽃과 동물이 사는 봄 동산을 만들어 보세요.

✱ 봄 동산을 어떻게 만들지 친구들과 의논해요.
✱ WeDo 2.0을 활용하여 자신이 만들고 싶은 것을 만들어 보세요.

정리하기

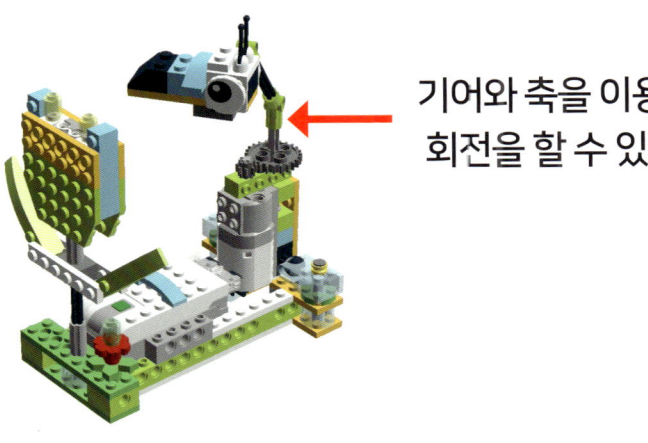

기어와 축을 이용하여 회전을 할 수 있어요.

봄5 자동차 경기장에 가요!

1 우리 주변의 다양한 자동차를 관찰해 보고 내가 좋아하는 자동차에 대해 친구들과 이야기를 나눠보세요.

2 경주차는 빠른 속도를 내기 위해 발전해 왔어요. 경주차를 더 빨리 달리게 하기 위해 무엇이 변하였나요?

3 안전을 지키며 씽씽 신나게 달릴 수 있는 경주차를 만들어 보세요.
* WeDo 2.0 앱 실행 – 안내형 프로젝트 – 2.속도

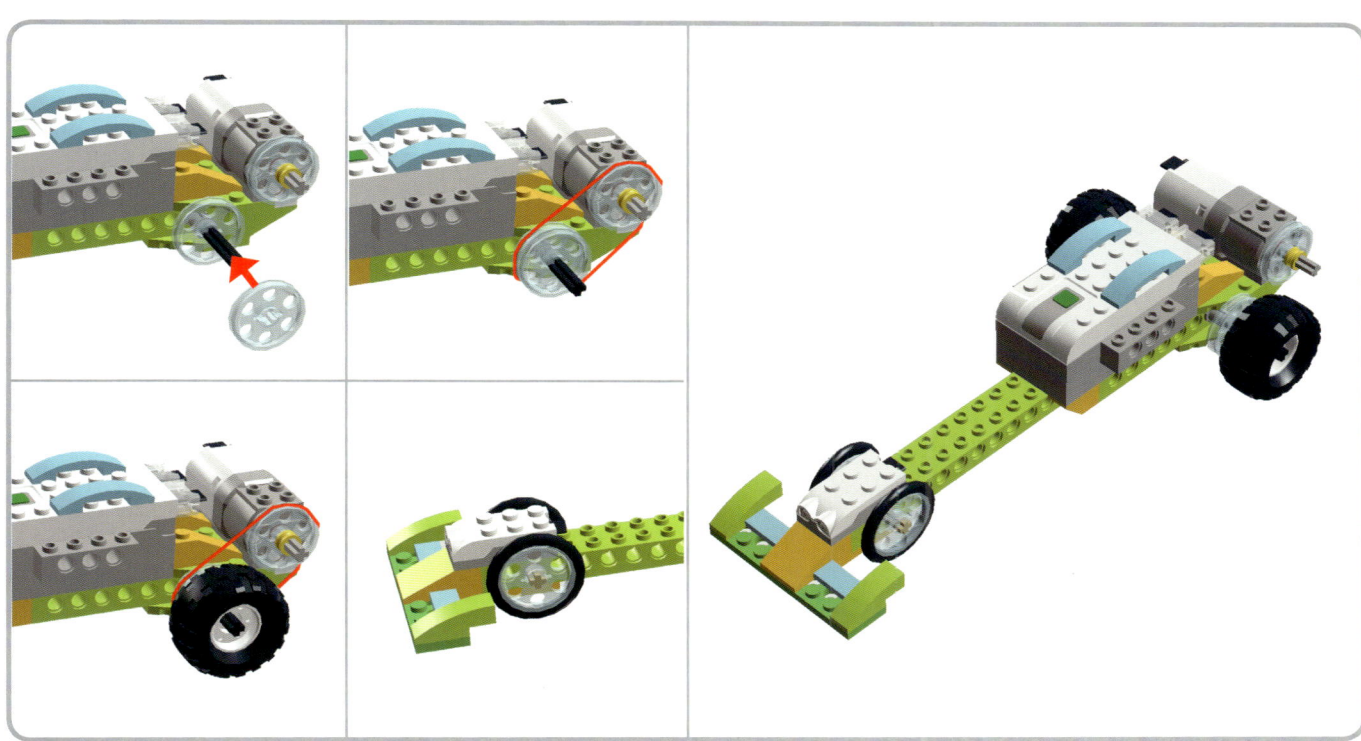

4 경주차를 움직여 볼까요? 아래와 같이 코딩해 보세요.

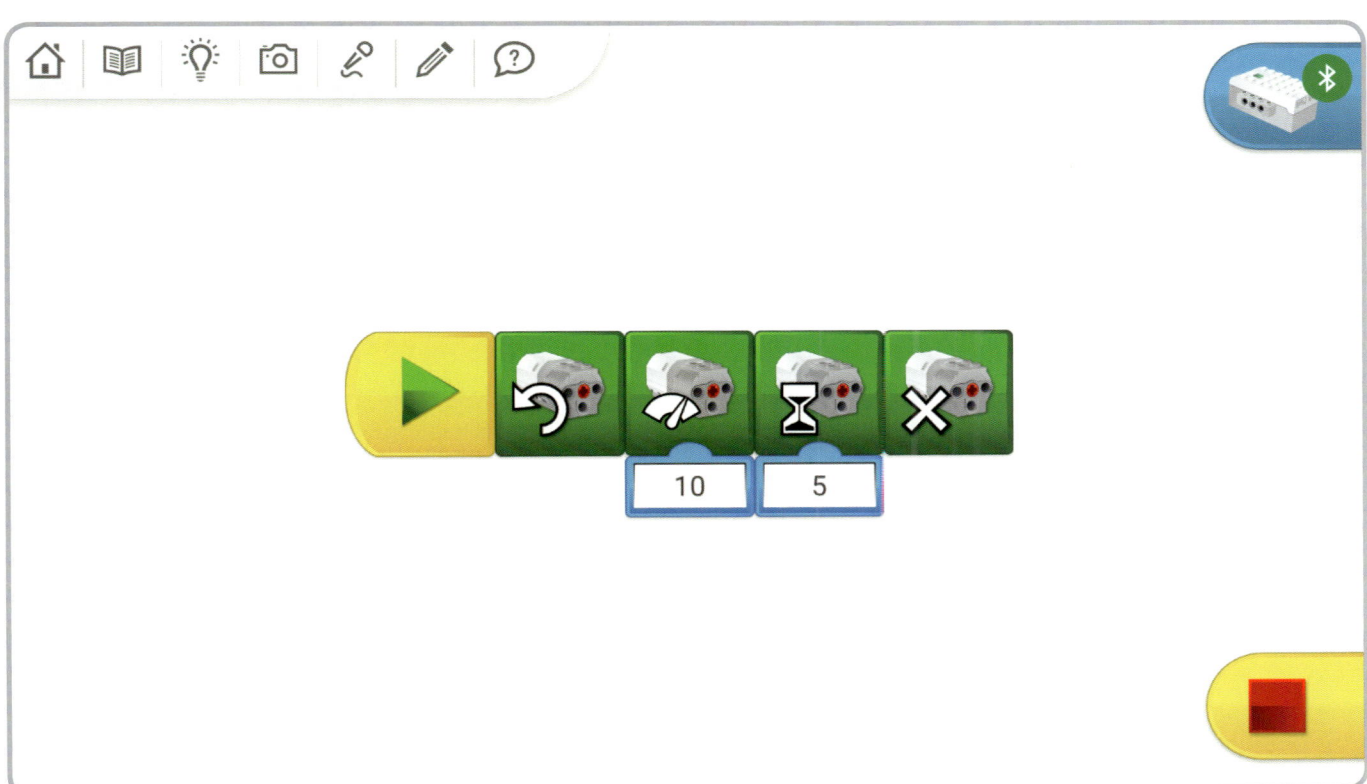

5 레이싱 기록을 측정해 보세요.
 * 얼마나 빠른지 레이싱 기록이 화면에 나타나도록 아래와 같이 코딩해 보세요.

화면의 숫자에 더하기 블록

 * 은 화면에 표시된 숫자에 입력된 숫자를 더해요. 블록을 클릭하면 빼기, 곱하기, 나누기로 바꿀 수 있어요.

6 10부터 시작해서 1씩 줄어드는 0까지의 숫자가 화면에 나타나도록 하려면 어떻게 해야 할까요? 스티커를 붙여 보세요.

7 경주차는 출발 신호를 기다렸다가 결승점에서 멈춰요. 앞에서 내리고 있던 깃발을 올렸을 때 경주차가 출발하고 결승점에서 멈출 수 있도록 코딩해 보세요.

❋ 프로그램을 시작했을 때 '0'이 나타나고, 깃발을 움직였을 때 경주차가 최대 속도로 앞으로 움직이게 하려면 어떻게 해야 할까요? 스티커를 붙여 보세요

❋ 화면의 번호가 1씩 더해져 표시되다가 결승점에 도착했을 때 멈추게 하려면 어떻게 해야 할까요? 스티커를 붙여 보세요.

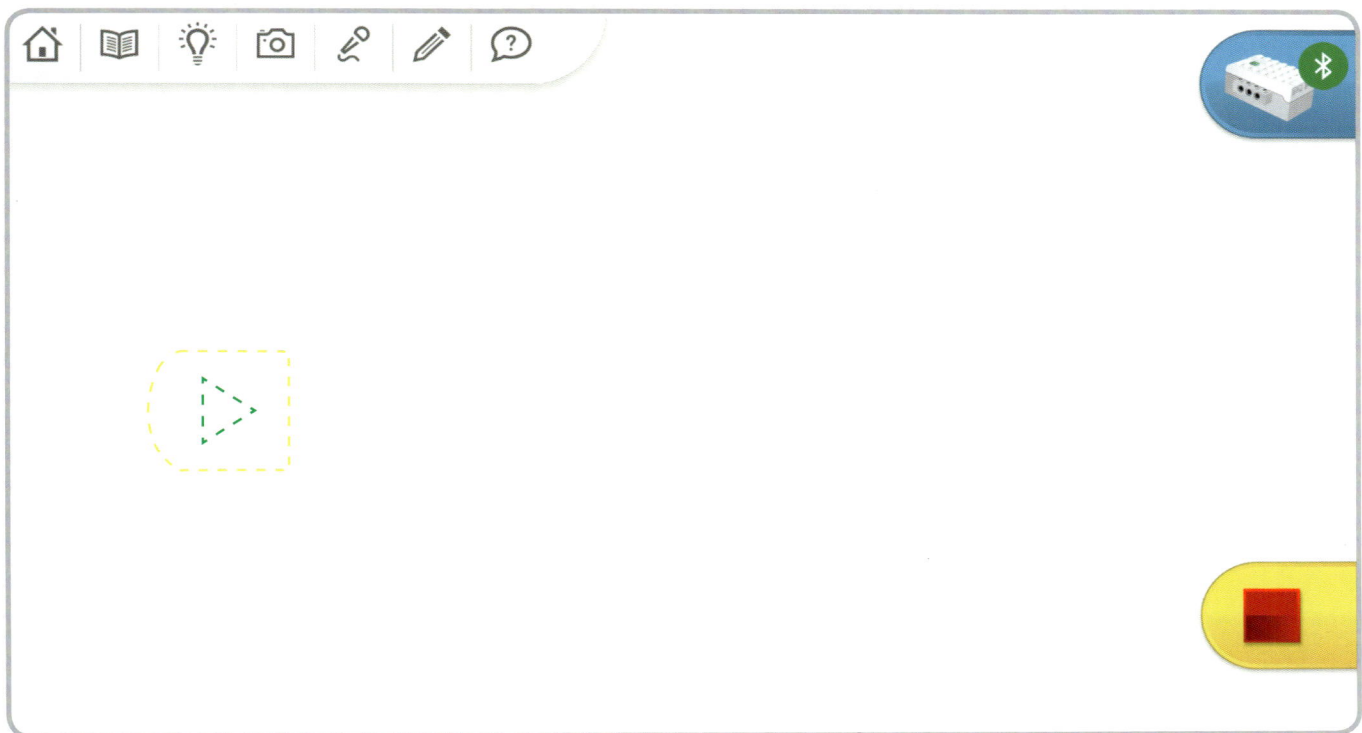

8 위에서 연습한 코딩을 하나로 연결해 보세요.

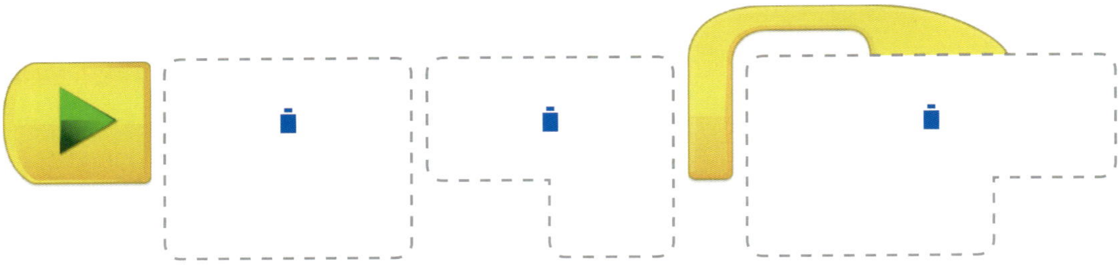

| 경주차가 | 처음에는 화면에 '0'을 나타내고 깃발이 움직였을 때 | 앞으로 최대 속도로 움직여요. | 결승점에 도착할 때까지 화면의 번호가 1씩 더해져 표시되다가 결승점에 도착하면 멈춰요. |

9 경주차는 자동차 바퀴의 크기에 따라 움직이는 거리가 달라요. 모터 시간에 따라 움직이는 거리를 재어 보세요.

✿ 조건 : 모터의 힘 8

모터 작동 시간	2	4	6	8	10
작은 바퀴 	cm	cm	cm	cm	cm
큰 바퀴 	cm	cm	cm	cm	cm

봄5 자동차 경기장에 가요!

10 경주차가 장애물을 만나면 뒤로 가도록 하고 싶어요. 어떻게 코딩해야 할까요? 스티커를 붙여 보세요.

협력 활동

친구들과 함께 자동차 경기장을 만들어 시합을 해 보세요.

❋ WeDo 2.0을 활용하여 자신이 만들고 싶은 자동차를 만들어 보세요.
❋ 친구들과 의논하여 자동차 시합을 해 보세요.

정리하기

고무줄의 위치에 따라 자동차의 속도가 달라져요. 어느 것이 더 빠를까요?

(   )   (   )

봄6 우리는 메이커

1 커다란 건물의 지하 주차장이나 아파트 주차장, 기차 건널목 등에 있는 차단기는 왜 필요할까요? 그 이유를 생각해 보고 이야기해 보세요.

2 차단기는 어떻게 움직일까요? 차단기의 움직임을 관찰하고 이야기해 보세요.

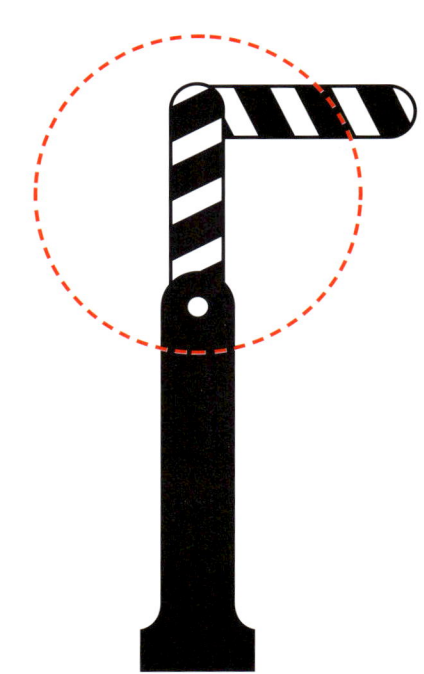

3 차들과 사람들의 통행을 막는 차단기는 어떻게 움직일까요?

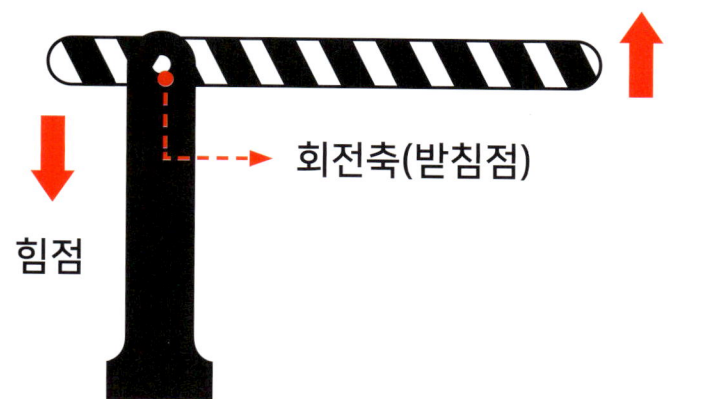

차단기가 움직이는 원리

지레의 원리로 움직이는 차단기는 작은 힘으로 필요한 움직임(차단기를 들어 올리는)을 만들어내기 위해 회전축(받침점)을 중심으로 기울어지는 기계예요.

4 나만의 차단기를 그림으로 그려 보세요.

우리도 할 수 있어요.

[도전 1] 내가 만든 차단기는 자동차를 인식하면 움직일 수 있어요.

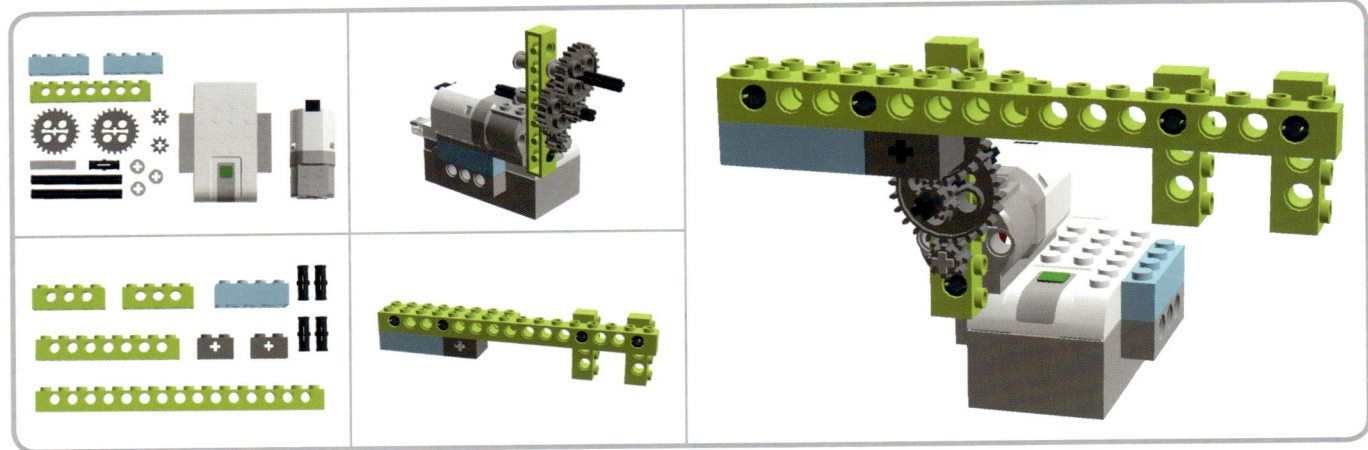

[도전 2] 내가 만든 차단기는 자동차가 가까이 오면 저절로 열릴 수 있어요.

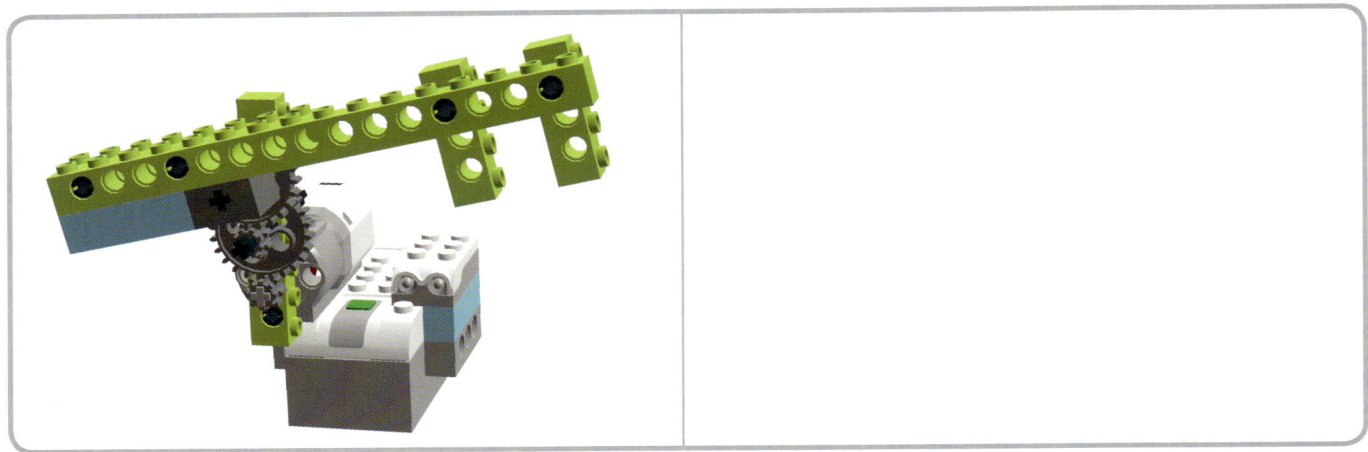

[도전 3] 내가 만든 차단기는 동작 센서 인식에 따라 오르고 내릴 수 있어요.

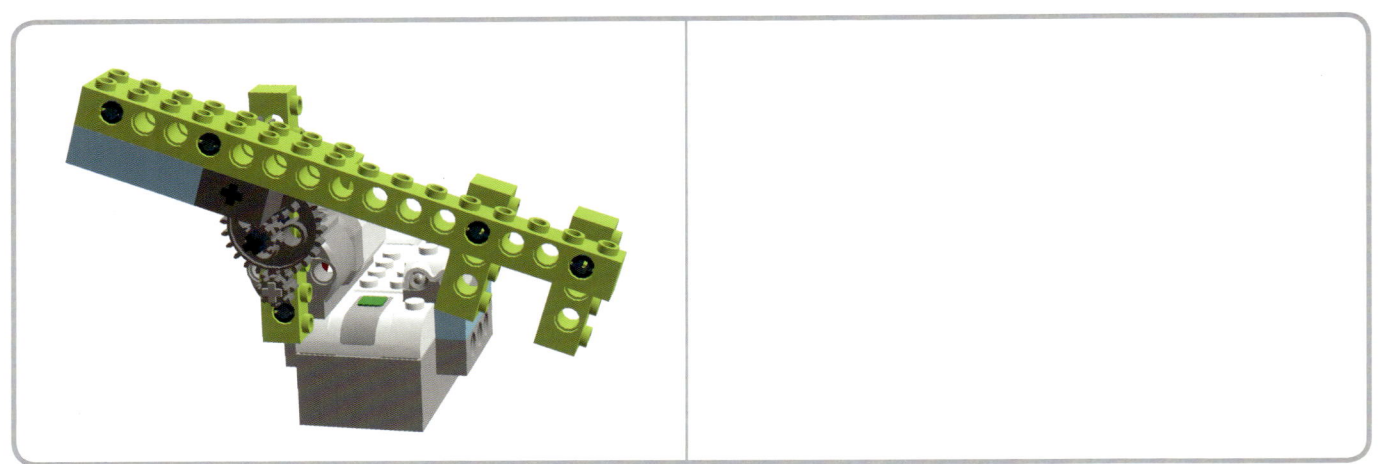

2 올챙이에서 개구리로 자라며 달라진 곳을 찾아 동그라미 하고 서로 연결해 보세요.

3 폴짝폴짝 뛰어가는 개구리를 색연필로 칠해보세요.

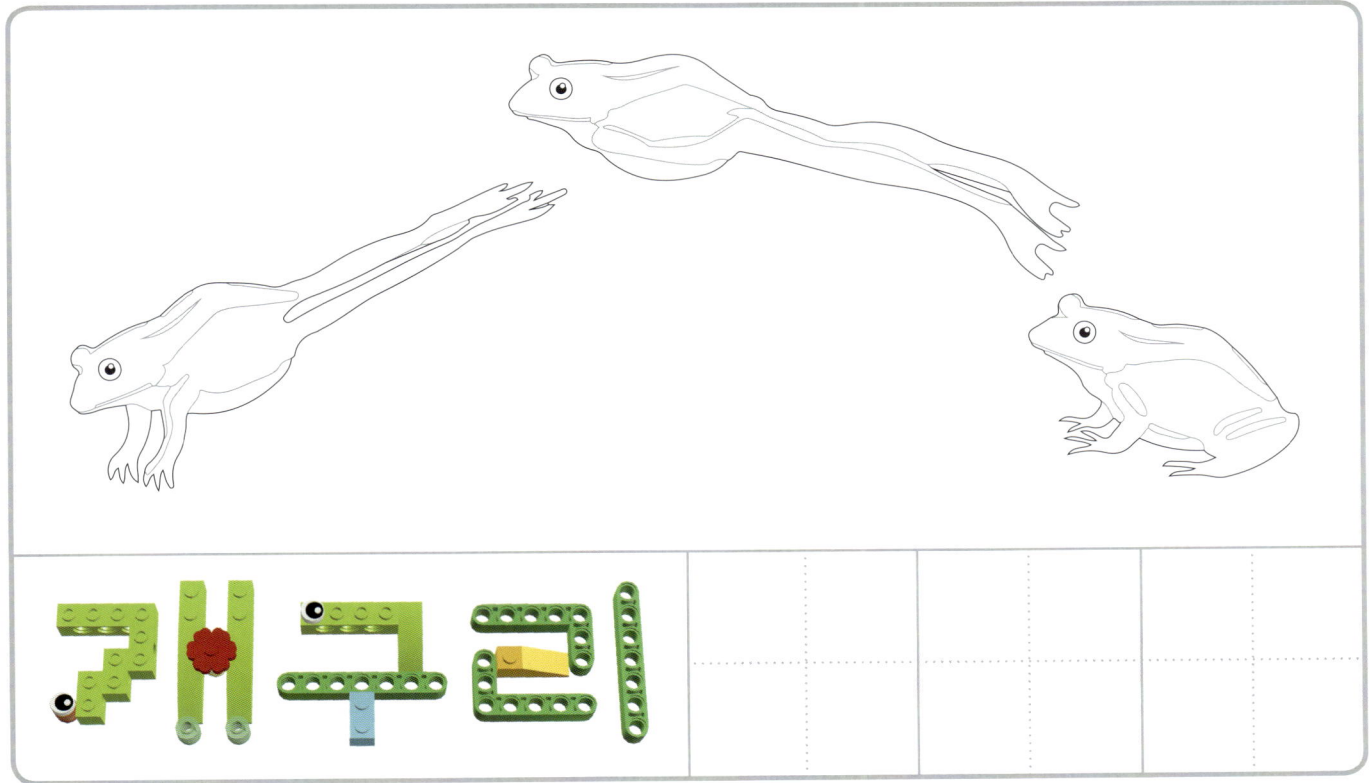

4 올챙이와 개구리는 어떻게 움직일까요? 개구리가 성장해가는 그림을 참고하여 뒷다리가 나온 올챙이 로봇과 뛰어가는 개구리 로봇에서 움직이는 곳을 동그라미 하고 서로 연결해 보세요.

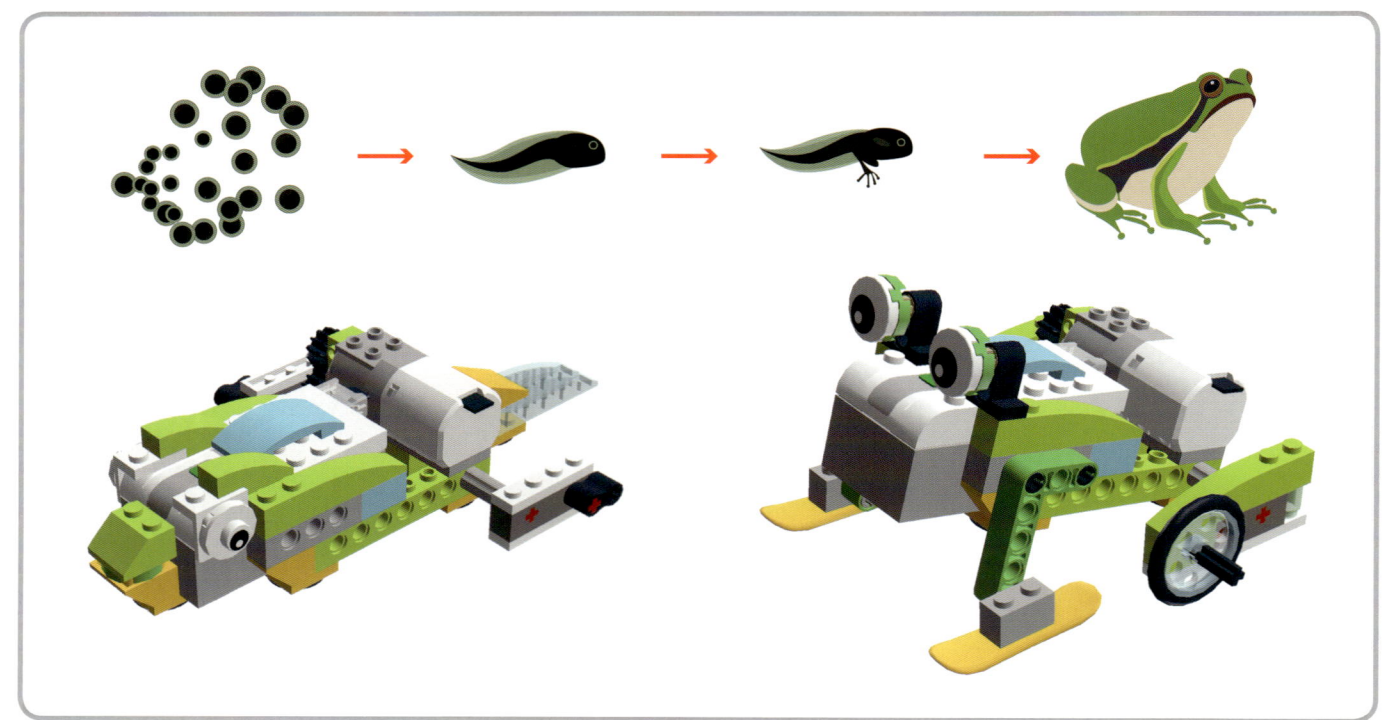

5 물속에서 뒷다리를 움직이며 꼬물꼬물 헤엄치는 올챙이를 만들어 보세요.
  ✻ WeDo 2.0 앱 실행 – 안내형 프로젝트 – 4.개구리의 변태

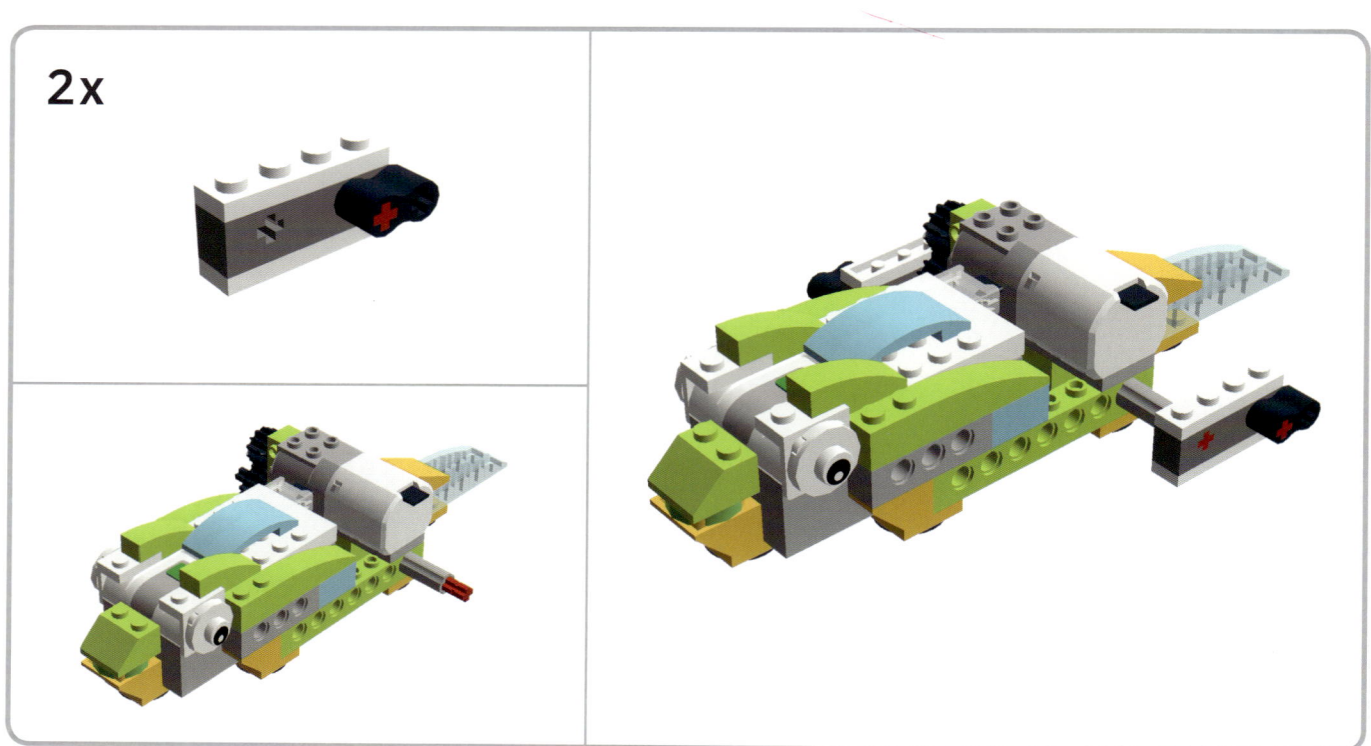

2x

6 올챙이 로봇을 움직여 볼까요? 아래와 같이 코딩해 보세요.

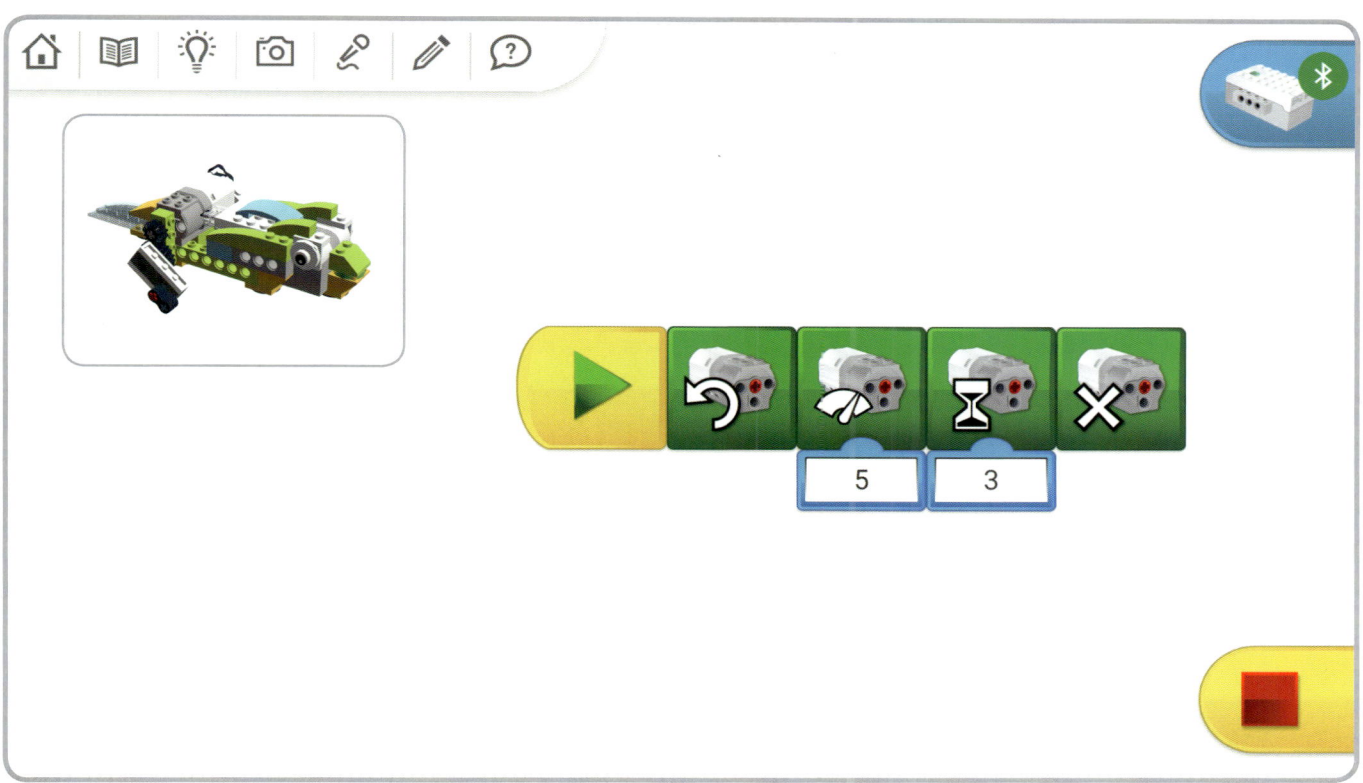

7 위에서 연습한 코딩을 하나로 연결해 보세요.

8 뒷다리가 나온 올챙이 로봇을 앞다리가 생기고 꼬리가 없어진 개구리 로봇으로 만들어 보세요.
  ✹ WeDo 2.0 앱 실행 – 모델 라이브러리 – 4a. 개구리

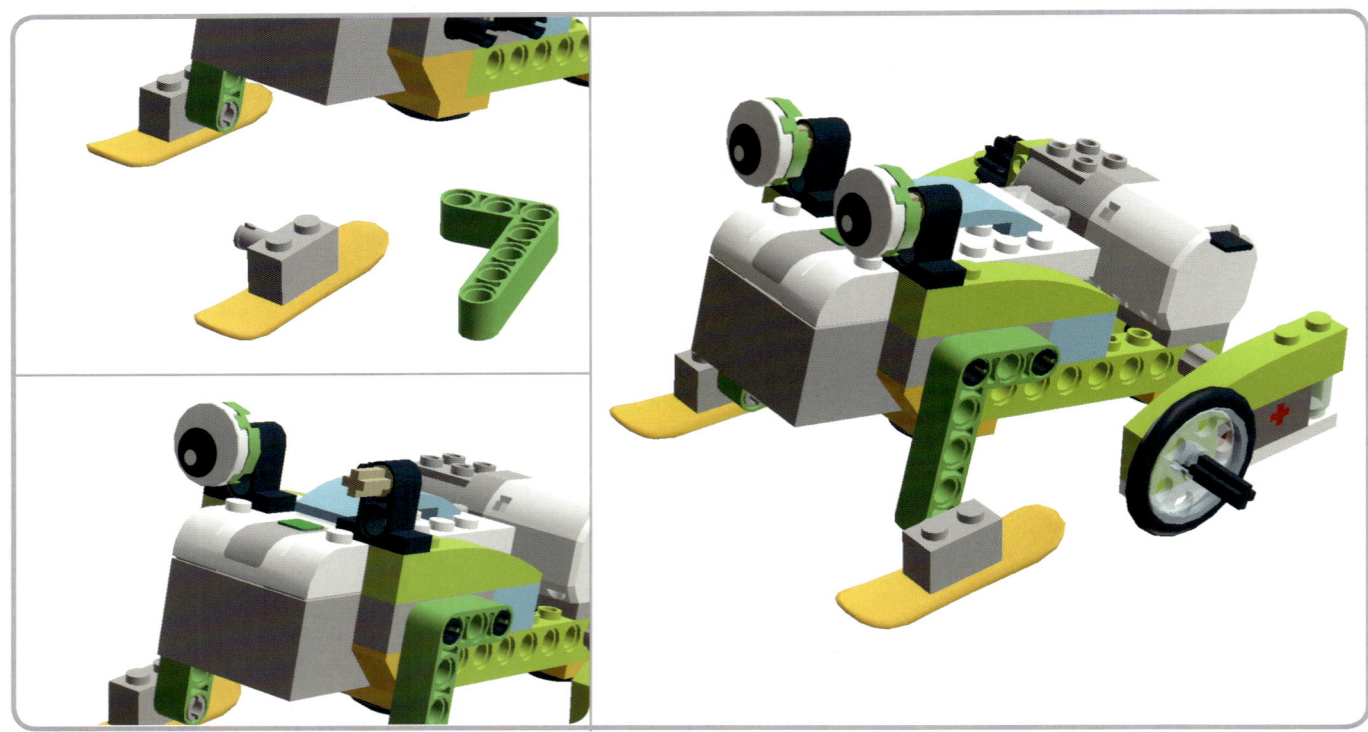

9 빗소리가 들린 후, 개구리가 폴짝폴짝 뛰어가도록 하려면 어떻게 코딩해야 할까요? 스티커를 붙여 보세요.

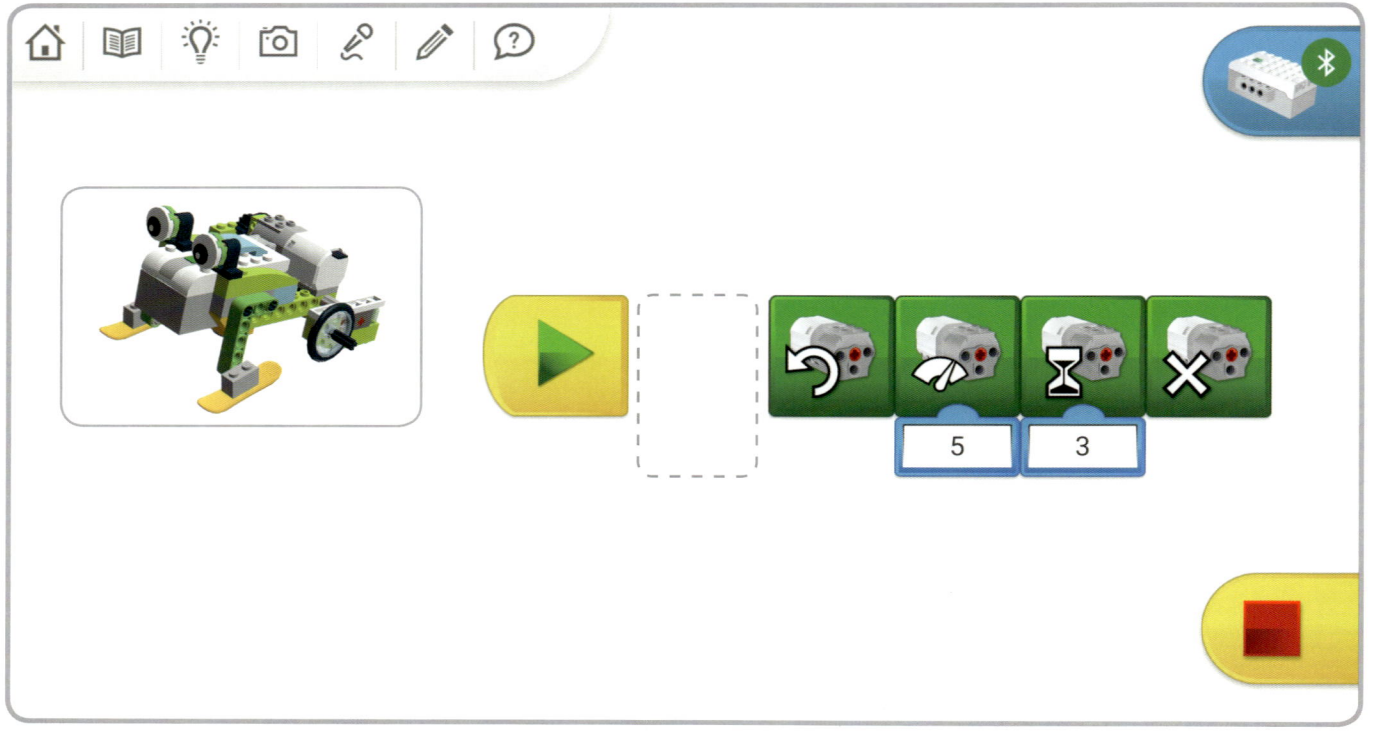

10 동작 센서를 활용하여, 얼굴 앞으로 먹이가 가까이 오면 개구리가 앞으로 뛰어가면서 울음소리를 내도록 하고 싶어요. 어떻게 코딩해야 할까요?

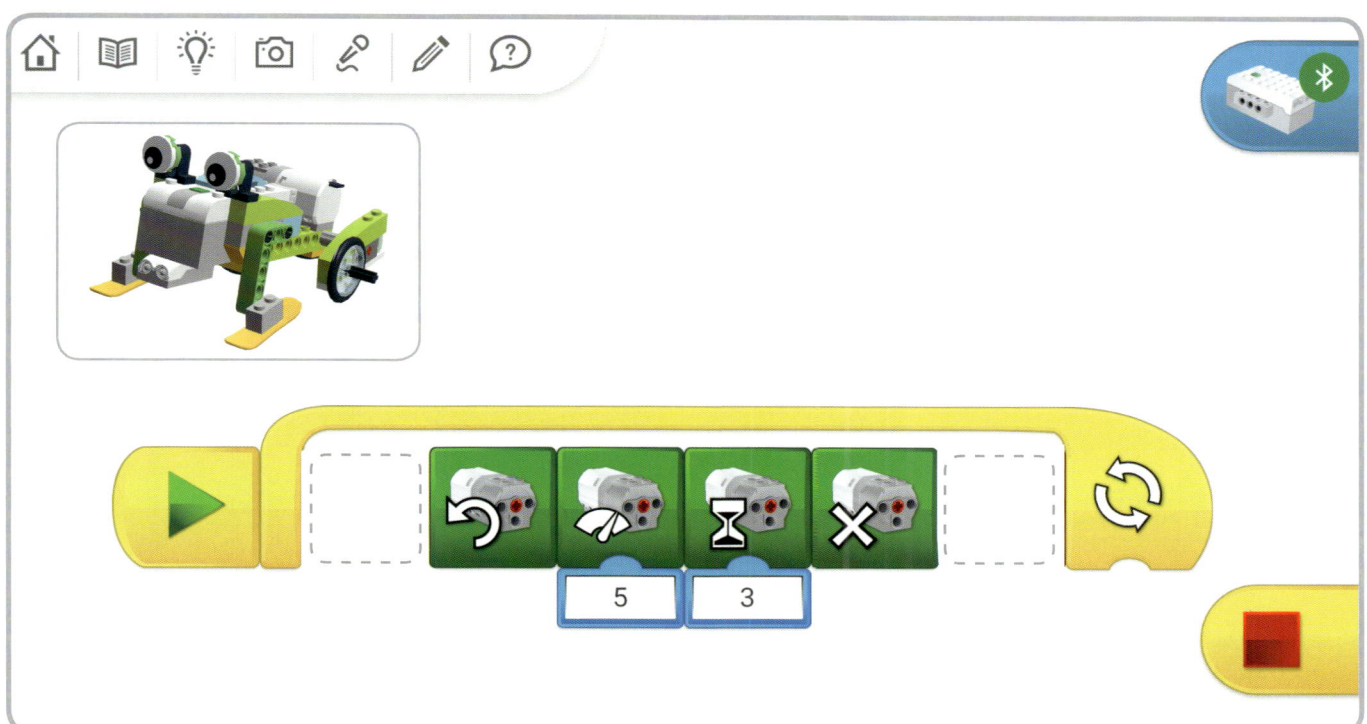

협력 활동

개구리들이 자유롭게 뛰어노는 우리 반 연못을 친구들과 함께 꾸며 보세요.

정리하기

가속 구조

· 모터에 연결된 기어가 크고,
  맞물린 기어가 작으면 빠르게 움직여요.

VS

감속 구조

· 모터에 연결된 기어가 작고,
  맞물린 기어가 크면 느리게 움직여요.

여름2 비가 내려요.

1 산과 들에서 무엇을 볼 수 있나요? 선생님의 이야기를 잘 들어 보세요.

① 사진에서 무엇이 보이나요?

② 이야기를 들으며 기억에 남는 장면은 무엇인지 말해 보세요.

③ 비 오는 장면을 친구들과 몸으로 표현해 보세요.

2 푸르른 산과 들에 시원한 비가 내리는 여름이에요. 물이 필요한 곳을 찾아 물방울을 그림으로 그려 보세요.

3 비가 오는 날 나에게 필요한 것은 무엇이 있을까요? 색연필로 색칠해 보세요.

4 물이 부족한 곳에서는 비가 많이 내릴 때 모아두고 사용하면 많은 도움이 돼요. 댐을 관찰해보고, 같은 부분을 연결해 보세요.

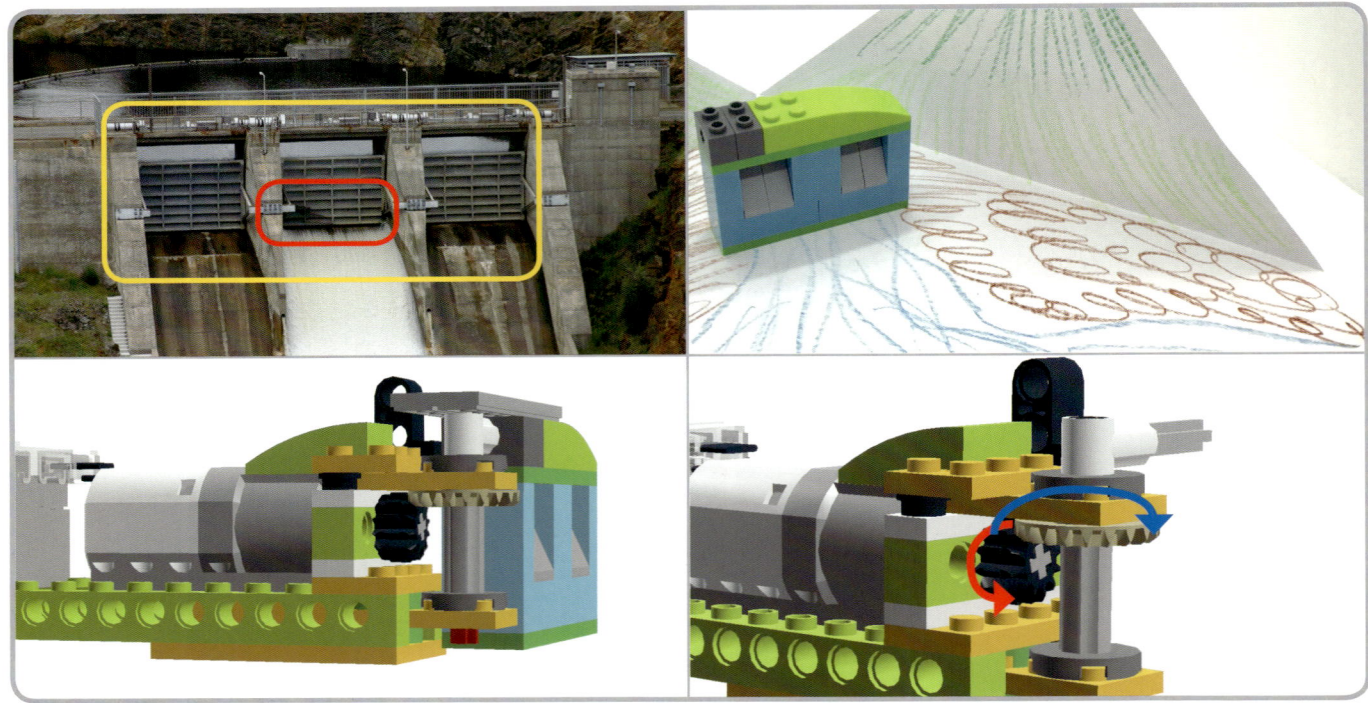

5 댐을 만들어 보세요.
   ❋ WeDo 2.0 앱 실행 – 안내형 프로젝트 – 6.홍수 방지

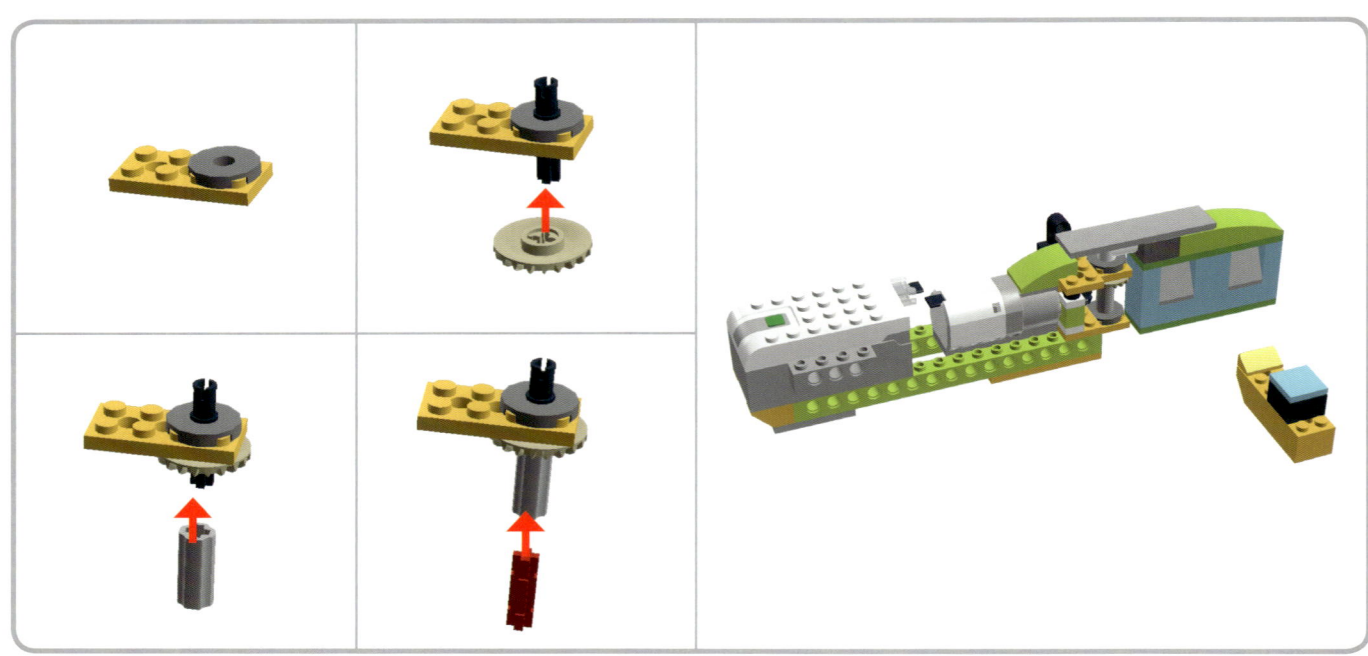

❋ 도화지에 산을 꾸며 만들고, 댐을 그 위에 올려 보세요.

여름2 비가 내려요.

6 댐의 문을 움직여 볼까요? 아래와 같이 코딩해 보세요.

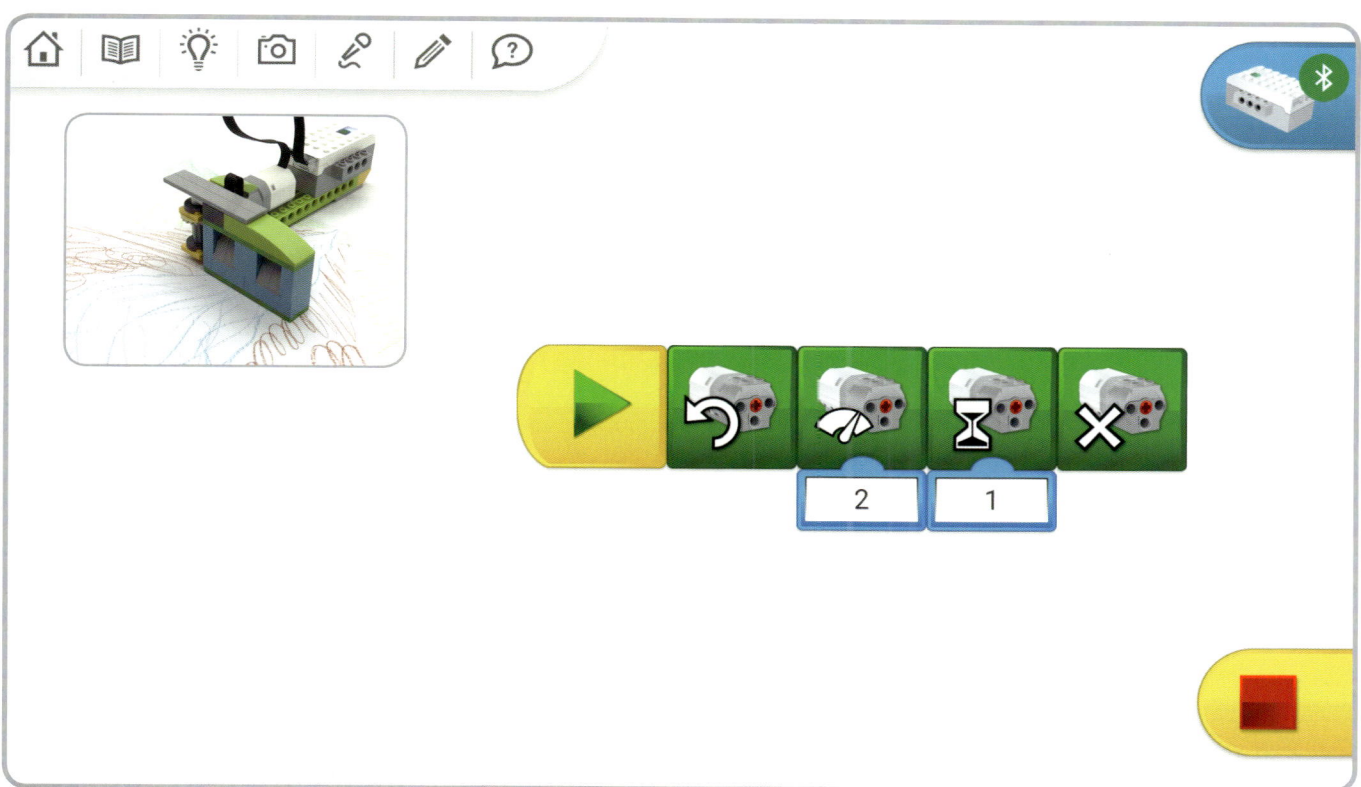

7 문이 열리는 동안 소리를 내어 알려줄 수 있을까요?

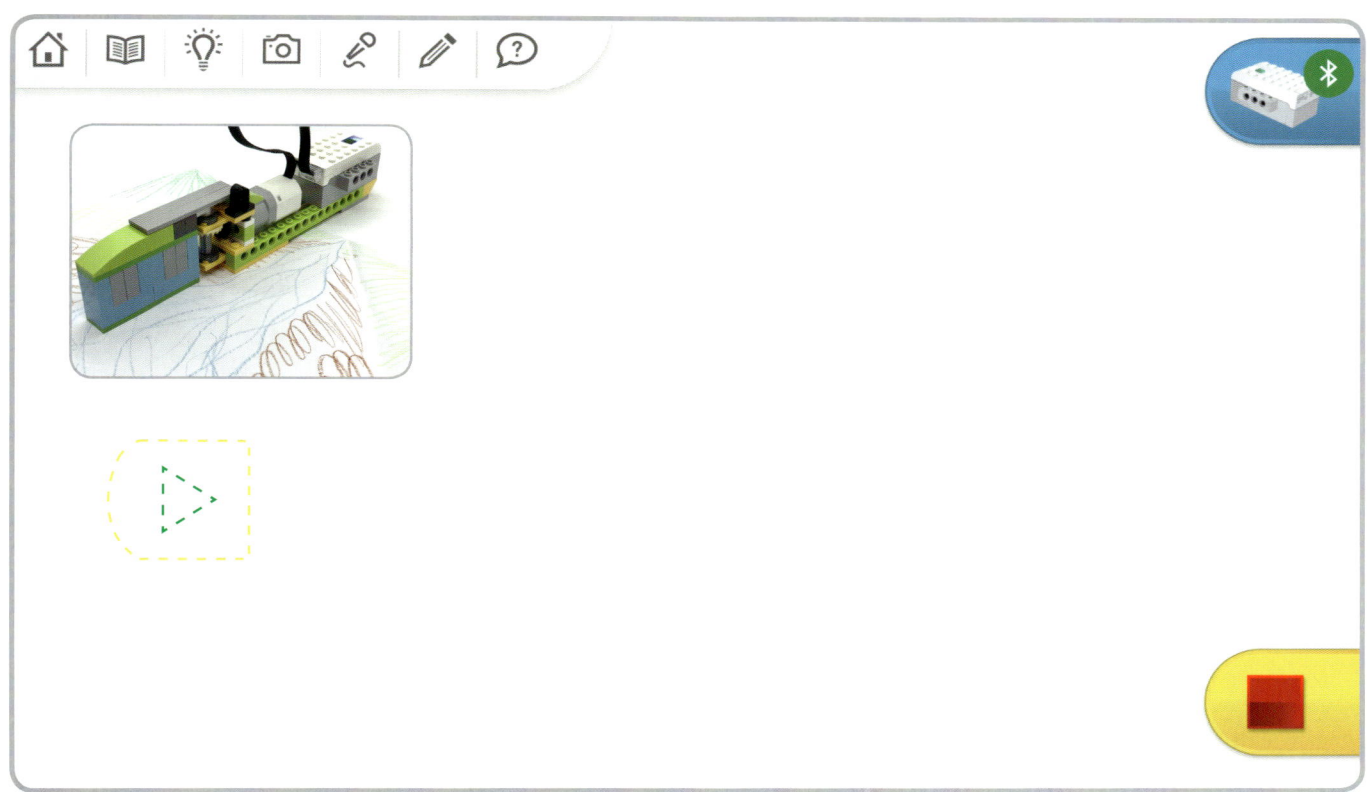

8 비 오는 날씨와 맑은 날씨가 나타나려면 어떻게 해야 할까요? 스티커를 붙여 보세요.

9 위에서 연습한 코딩을 하나로 연결해 보세요.

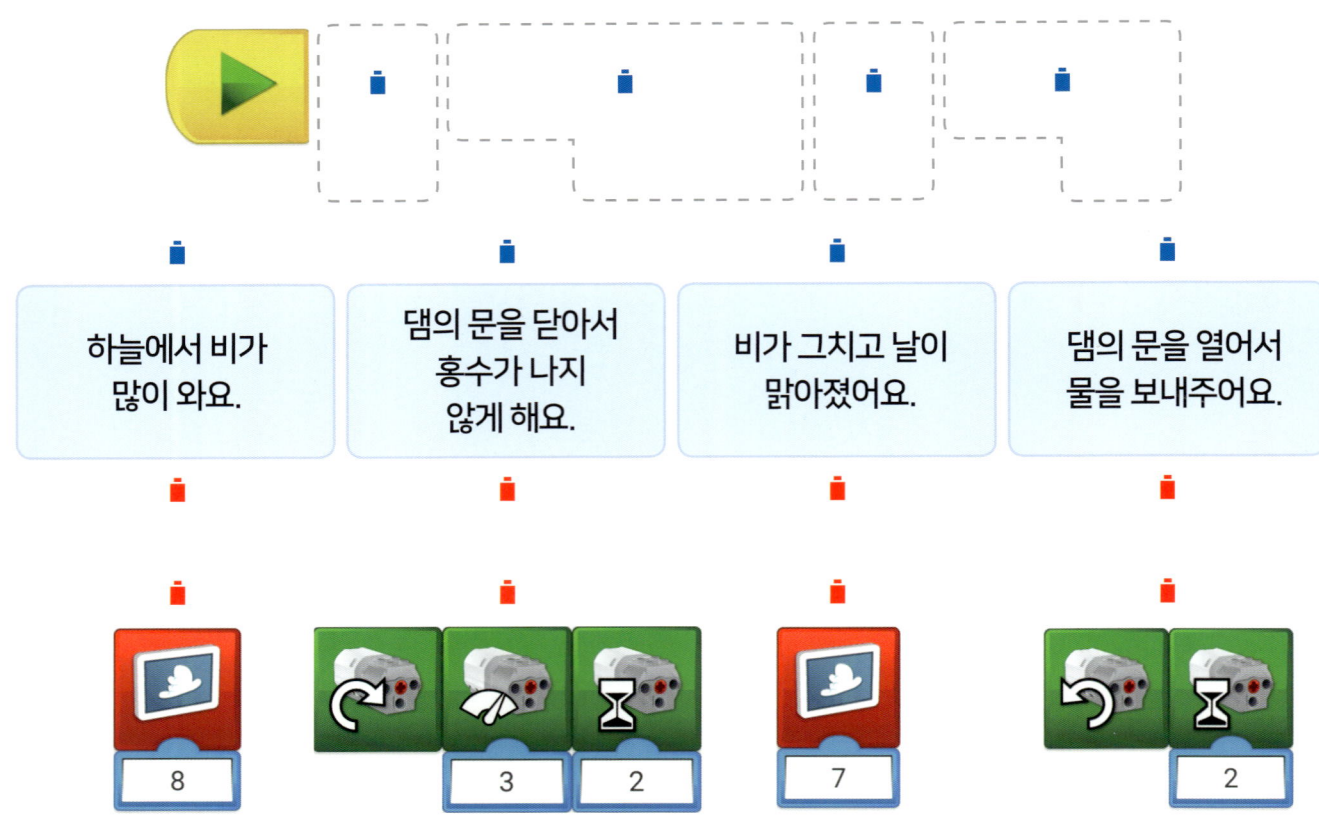

여름2 비가 내려요.

10 동작 센서를 활용하여, 비가 멈춘 후 댐에 물이 많이 차면 자동으로 문을 열어 내보내게 하고 싶어요. 어떻게 코딩해야 할까요? 스티커를 붙여 보세요.

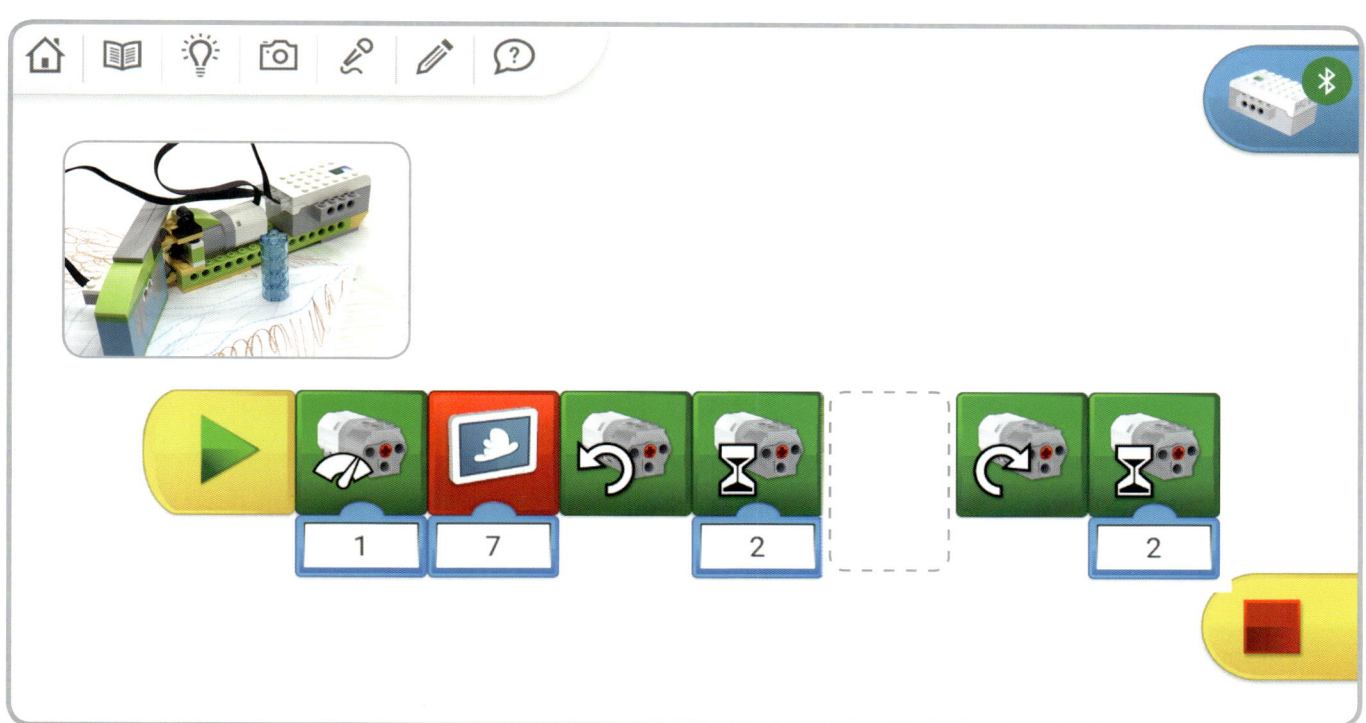

협력 활동

세계 여러 나라의 댐을 관찰해 보고 친구들과 함께 새로운 댐을 만들어 보세요.

정리하기

베벨 기어는?

모터에 연결된 기어와 기어가 수직으로 만나서 모터의 회전을 90도로 바꿔주어요.

여름3 꼬물꼬물 애벌레

1 숲에서는 무슨 일이 일어나고 있을까요? 선생님의 이야기를 잘 들어 보세요.

① 이야기를 들으며 생각나는 것은 무엇인지 말해 보세요.

② 친구들과 함께 애벌레처럼 '꼬물꼬물' 기어가며 움직여 보세요.

③ 자신의 옷 색깔과 같은 곳에 몸을 숨겨 보세요. 움직이지 않거나 죽은 척하기 방법도 해 보세요.

2 애벌레와 우리 몸에서 비슷한 일을 하는 곳에 각각 동그라미 하고 연결해 보세요.

3 나뭇잎에 숨어있는 애벌레를 찾아서 색연필로 색칠해 보세요.

4 애벌레는 나뭇잎 위에서 어떻게 움직일까요? 나뭇잎 위를 기어가는 애벌레와 애벌레 로봇에서 움직이는 곳을 동그라미 하고 연결해 보세요.

5 나뭇잎에서 꼬물꼬물 움직이는 애벌레를 만들어 보세요.
  ❖ WeDo 2.0 앱 실행 – 모델 라이브러리 – 10a.애벌레

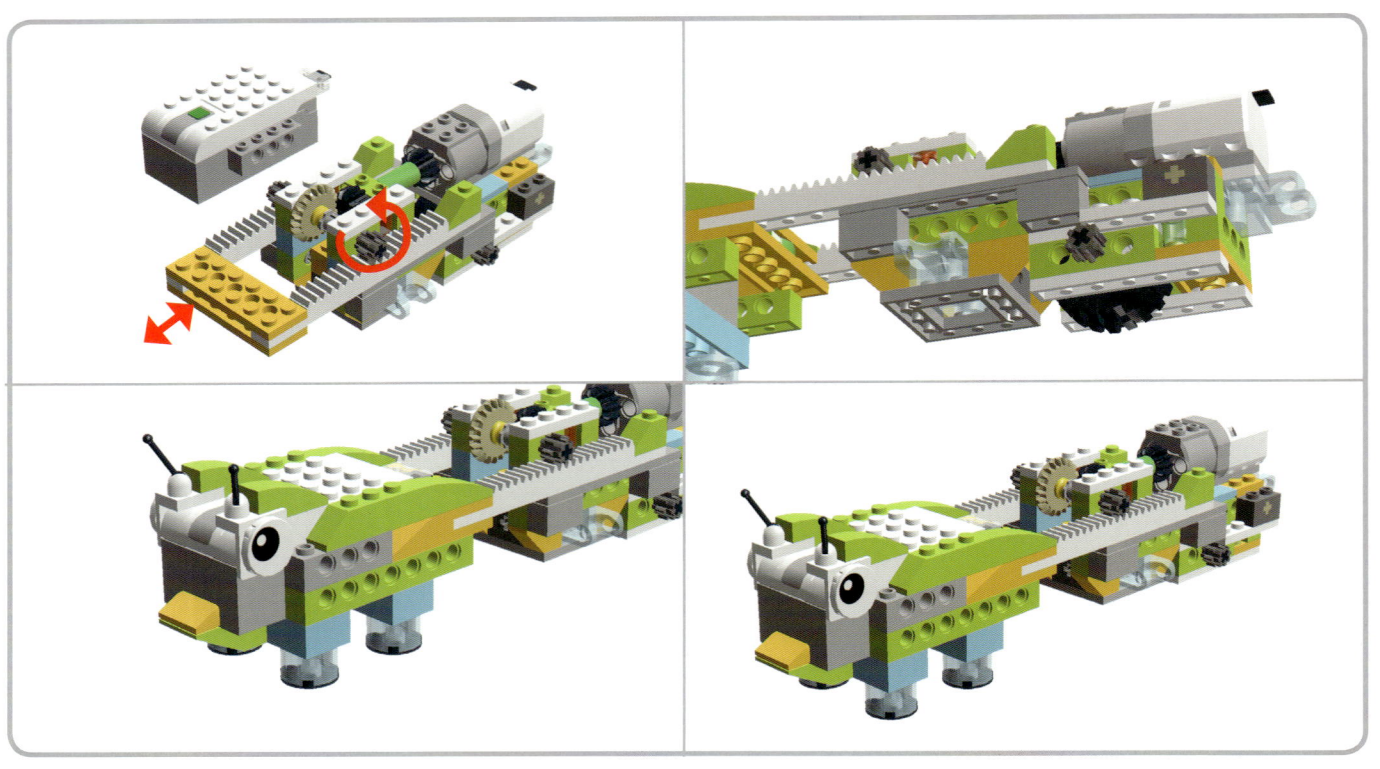

6 애벌레을 움직여 볼까요? 아래와 같이 코딩해 보세요.

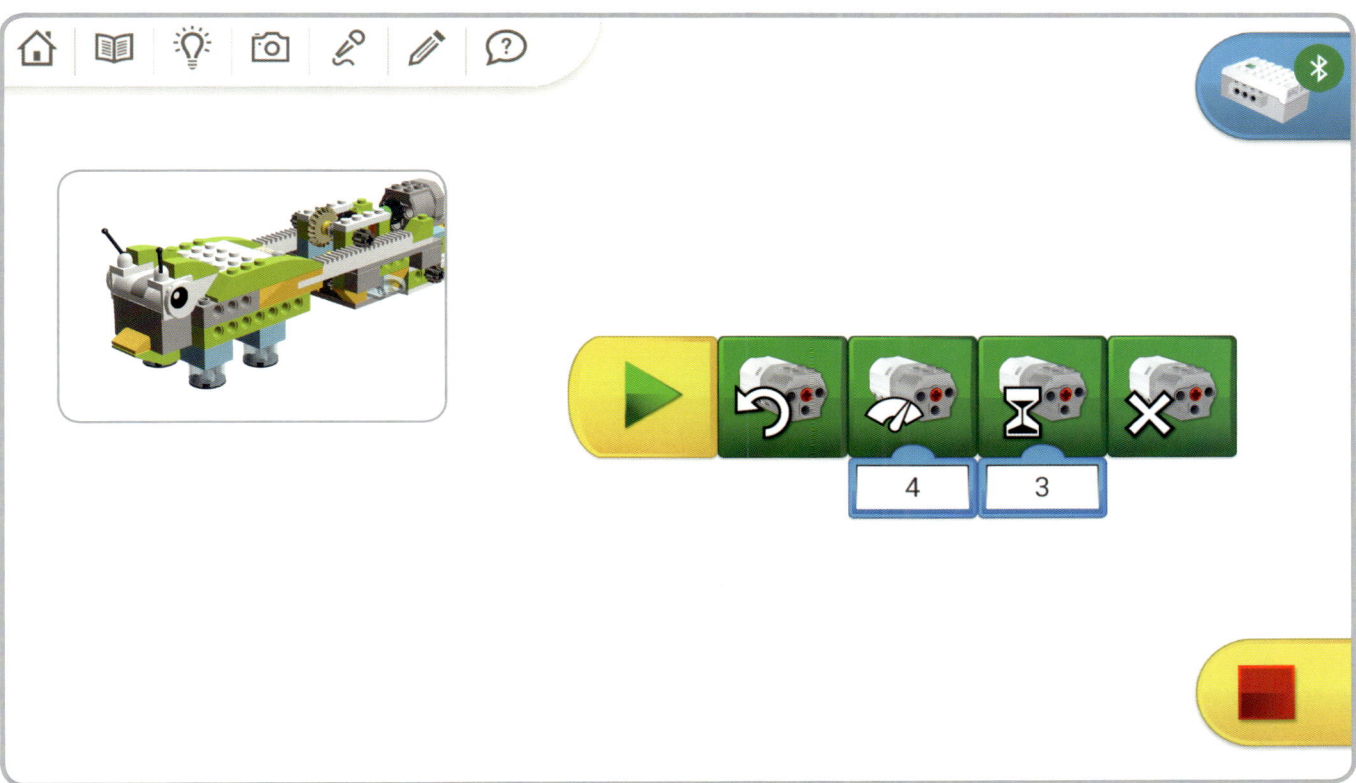

7 애벌레의 모터 부분을 앞으로 당겨오려면 어떻게 코딩해야 할까요? 스티커를 붙여 보세요.

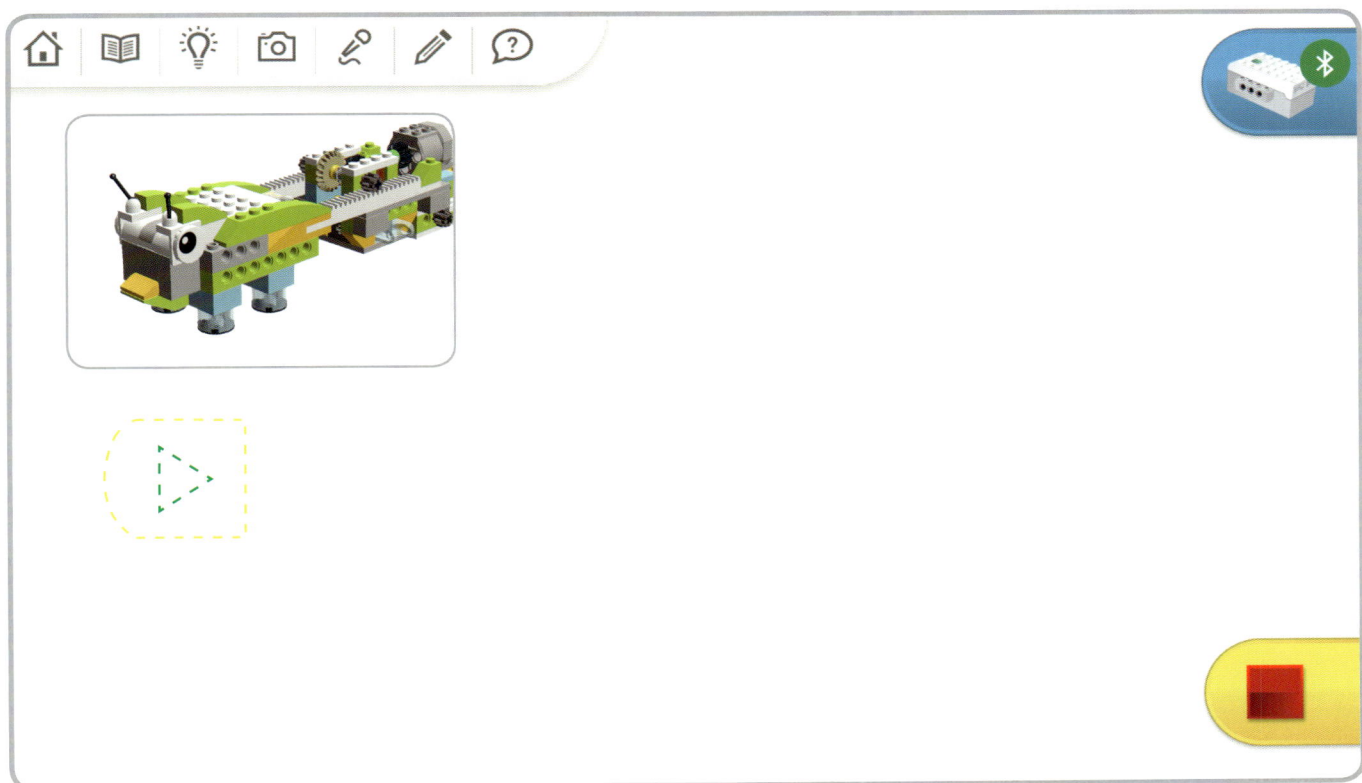

8 위에서 연습한 코딩을 하나로 연결해 보세요.

9 애벌레가 잎을 먹고 있다가 앞에 무언가가 나타나면 도망가도록 바꾸고 싶어요. 어떻게 해야 할까요?

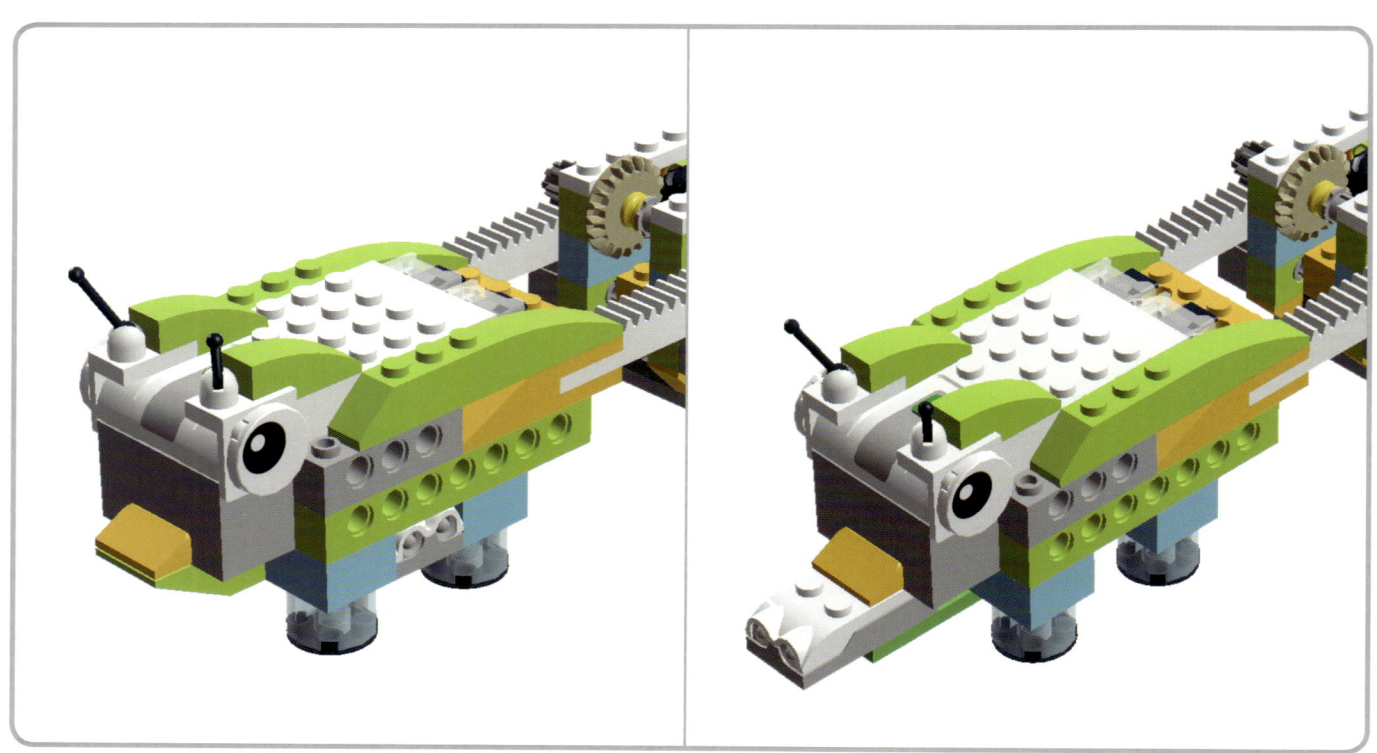

여름3 꼬물꼬물 애벌레

10 애벌레가 자신을 보호하기 위해서 앞에 무언가가 나타나면 반복해서 앞으로 도망가도록 하고 싶어요. 어떻게 코딩해야 할까요? 스티커를 붙여 보세요.

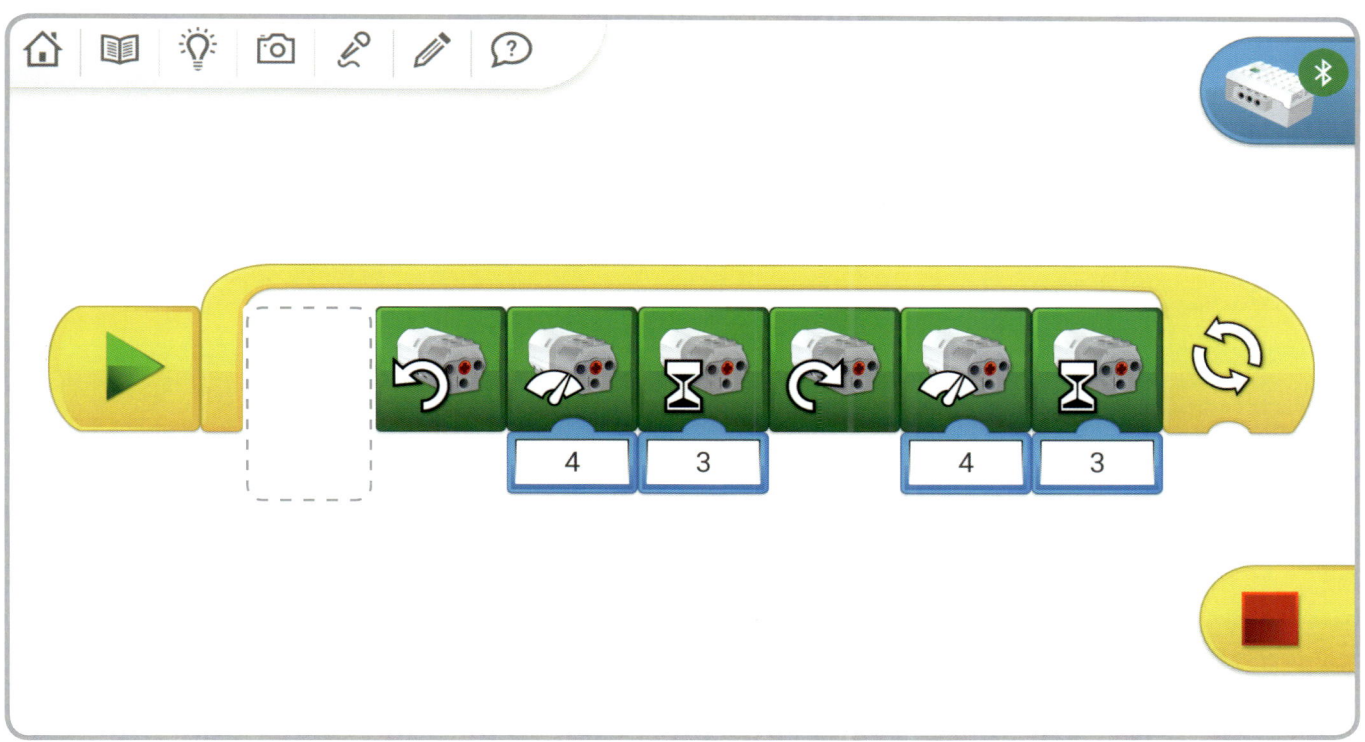

협력 활동

주변에 있는 나뭇잎을 가져와서 친구들과 애벌레가 춤추는 숲속을 만들어 보세요.

정리하기

은 어떤 역할을 할까요?
친구들과 이야기를 나눠 보세요.

여름4 팔랑팔랑 나비

1 알록달록 꽃밭에서는 무슨 일이 일어나고 있을까요? 선생님의 이야기를 잘 들어 보세요.

① 이야기를 들으며 생각나는 것은 무엇인지 말해 보세요.

② 친구들과 함께 나비처럼 팔랑팔랑 날아가는 모습을 몸으로 표현해 보세요.

③ 나비가 되어 꽃에 앉아서 꿀을 먹는 모습을 몸으로 표현해 보세요.

2 위에 앉은 나비를 관찰해 보세요. 무엇을 하고 있을까요?
나비와 우리 몸에서 비슷한 일을 하는 곳에 각각 동그라미 하고 연결해 보세요.

3 알, 애벌레, 나비를 찾아서 색연필로 예쁘게 색칠해 보세요.

4 팔랑팔랑 날아다니는 나비와 나비 로봇에서 서로 같은 부분을 찾아보세요.

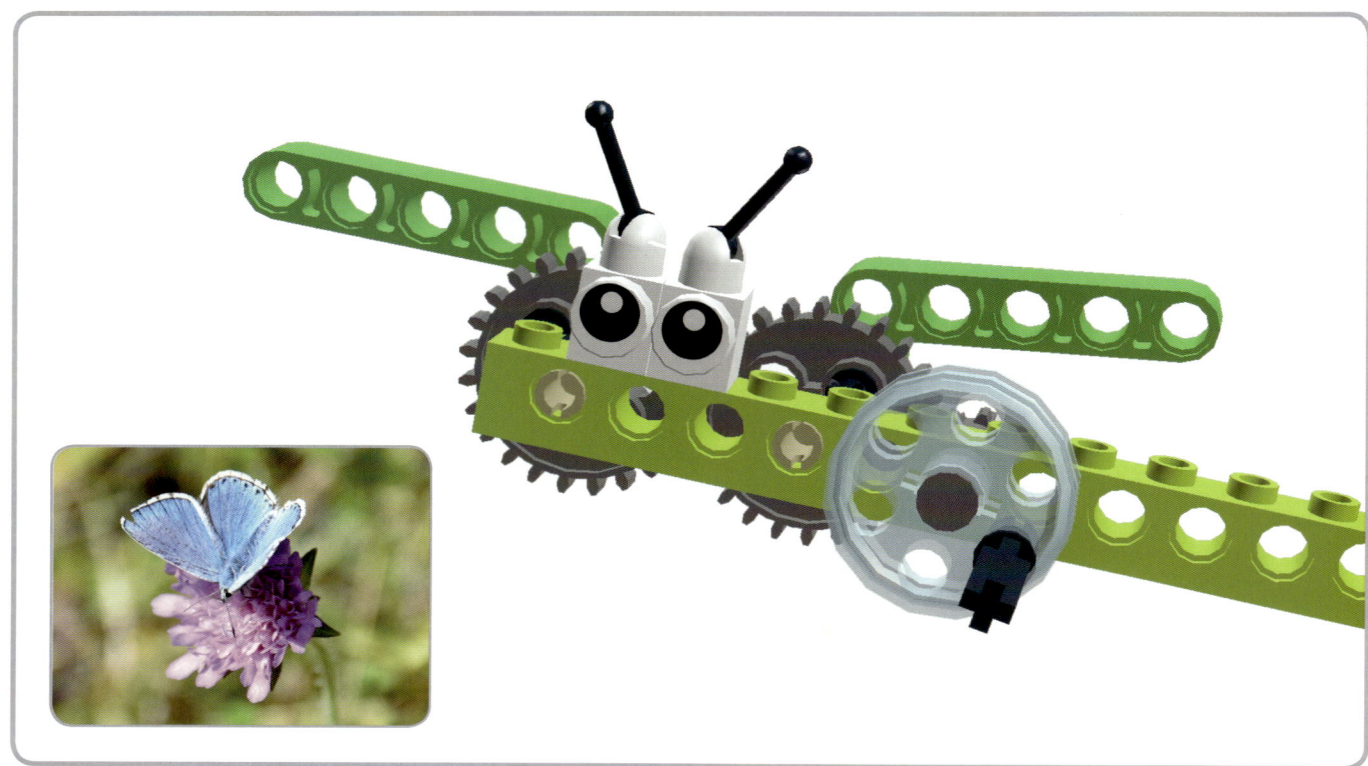

5 레고® 브릭으로 나비 로봇을 만들어 보세요.

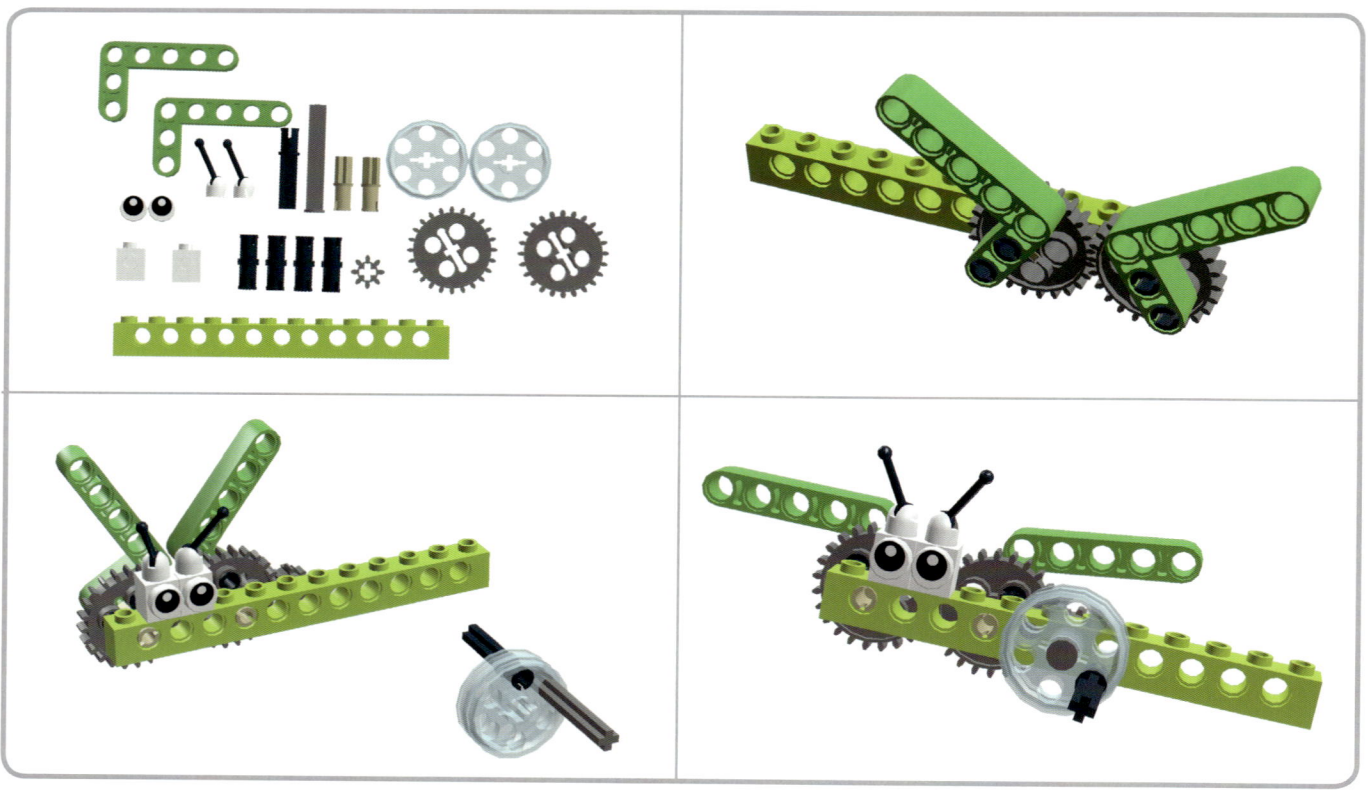

여름4 팔랑팔랑 나비

6 나비 로봇을 움직여 볼까요? 아래와 같이 코딩해 보세요.

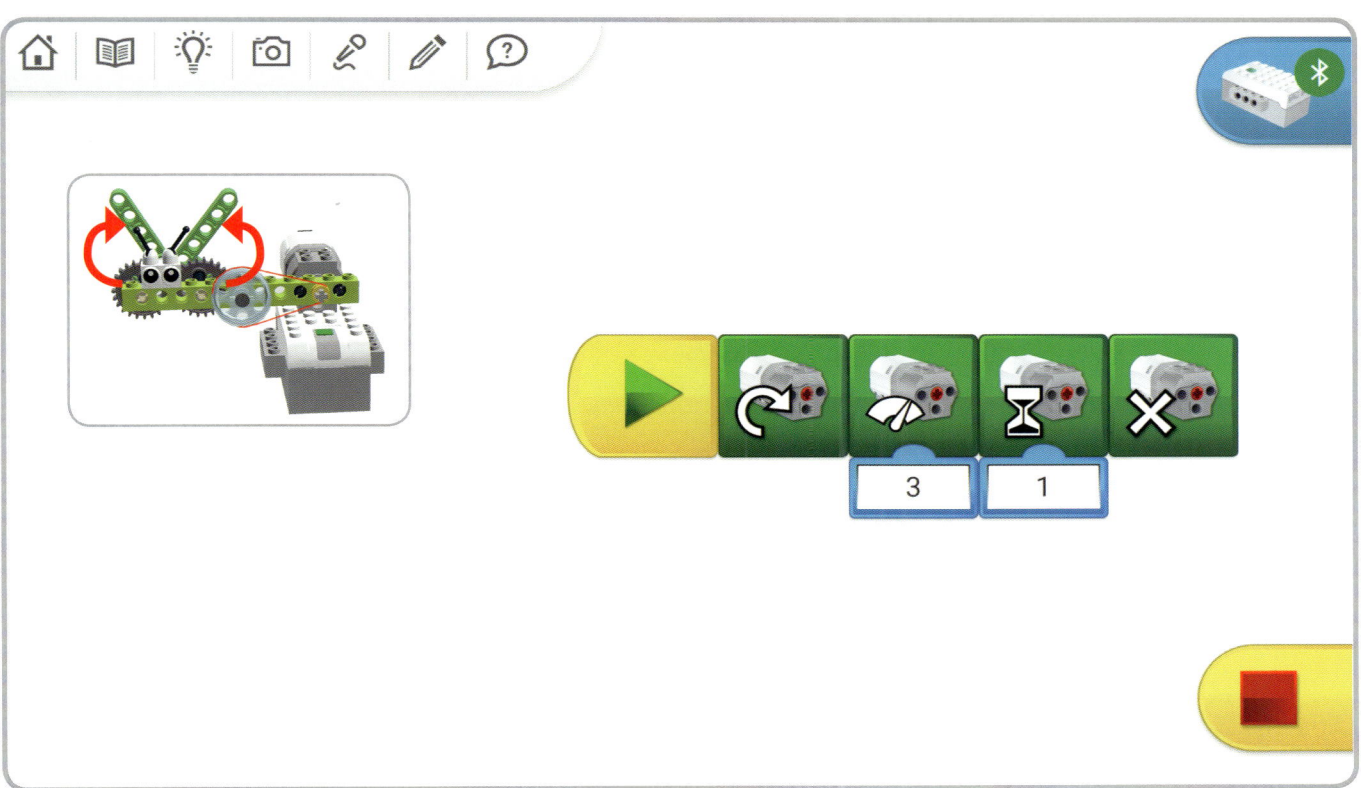

7 나비가 날개를 움직이는 모습과 가장 비슷한 속도를 찾고 싶어요. 1~8까지 바꾸어가며 나비 로봇의 날개가 위아래로 움직이도록 해 보세요.

8 날개가 위아래로 반복해서 움직이게 하려면 어떻게 코딩해야 할까요? 스티커를 붙여 보세요.

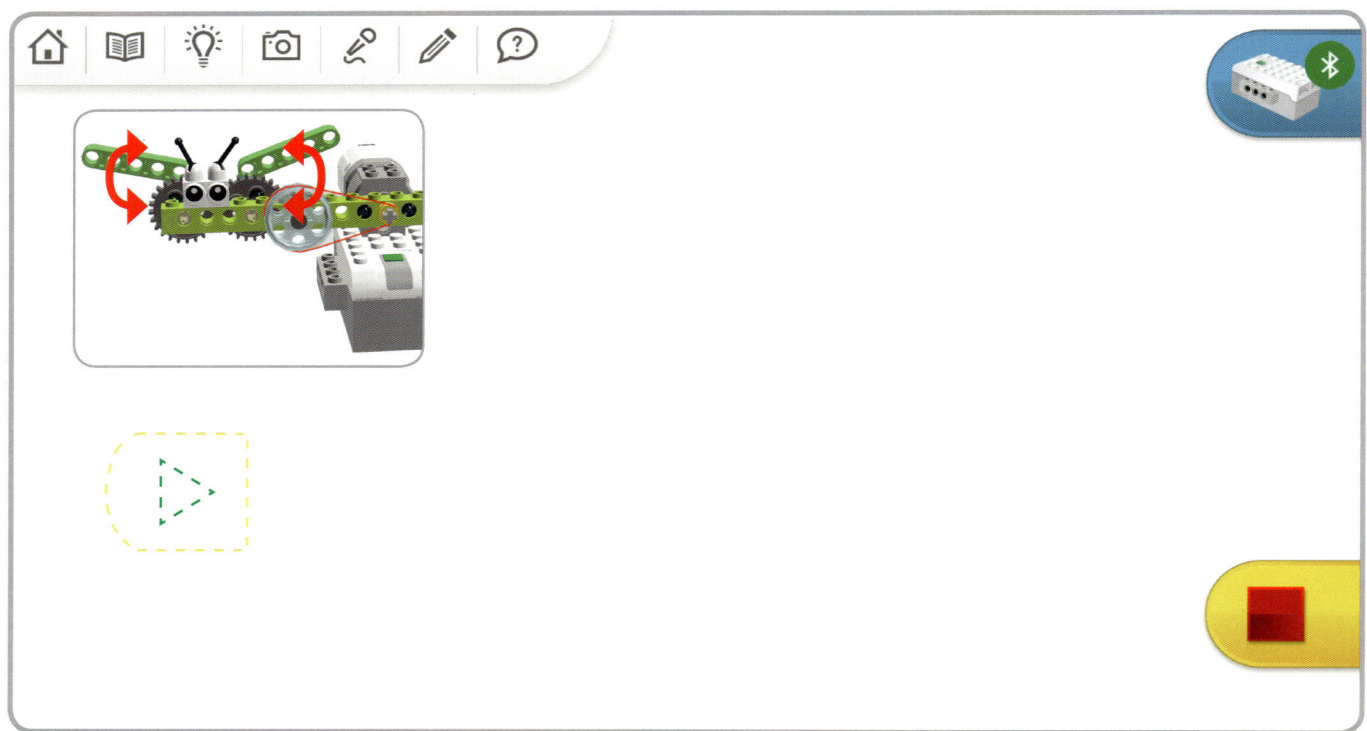

9 위에서 연습한 코딩을 하나로 연결해 보세요.

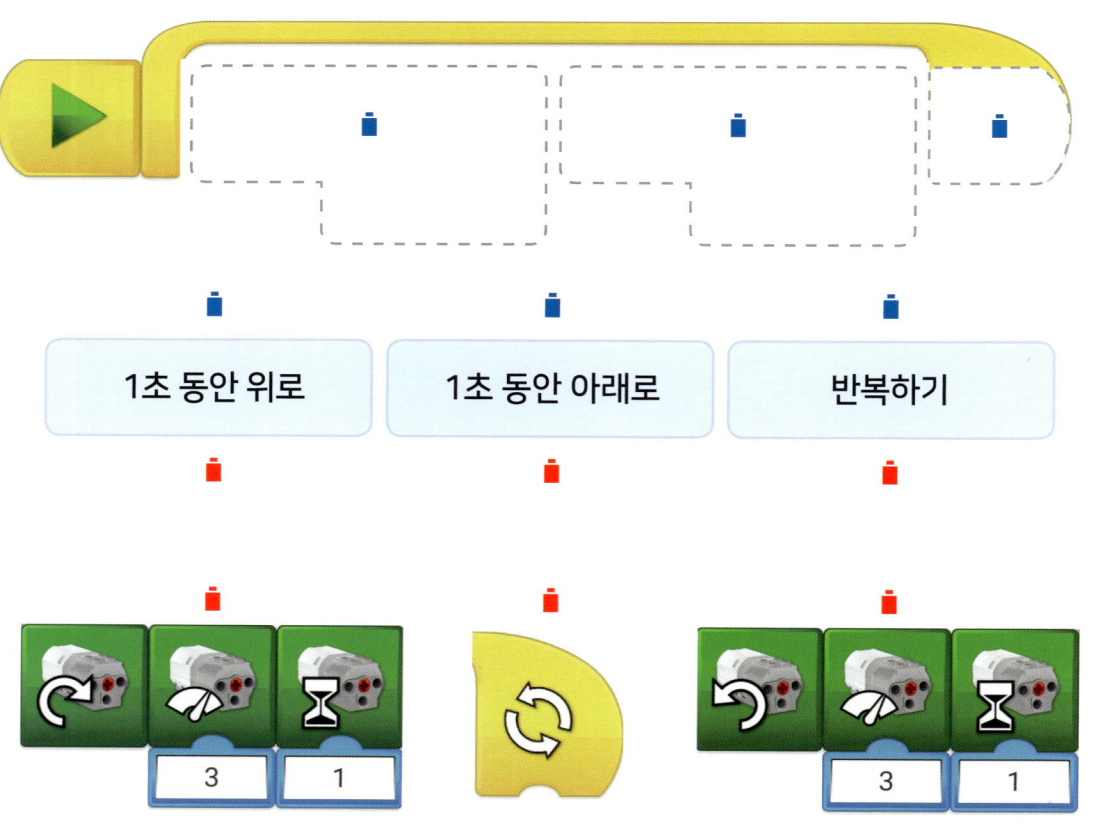

1초 동안 위로   1초 동안 아래로   반복하기

여름4 팔랑팔랑 나비

10 기울기 센서를 사용해서 하늘로 날아갈 때 나비 로봇의 날개가 움직이도록 하고 싶어요. 어떻게 코딩해야 할까요? 스티커를 붙여 보세요.

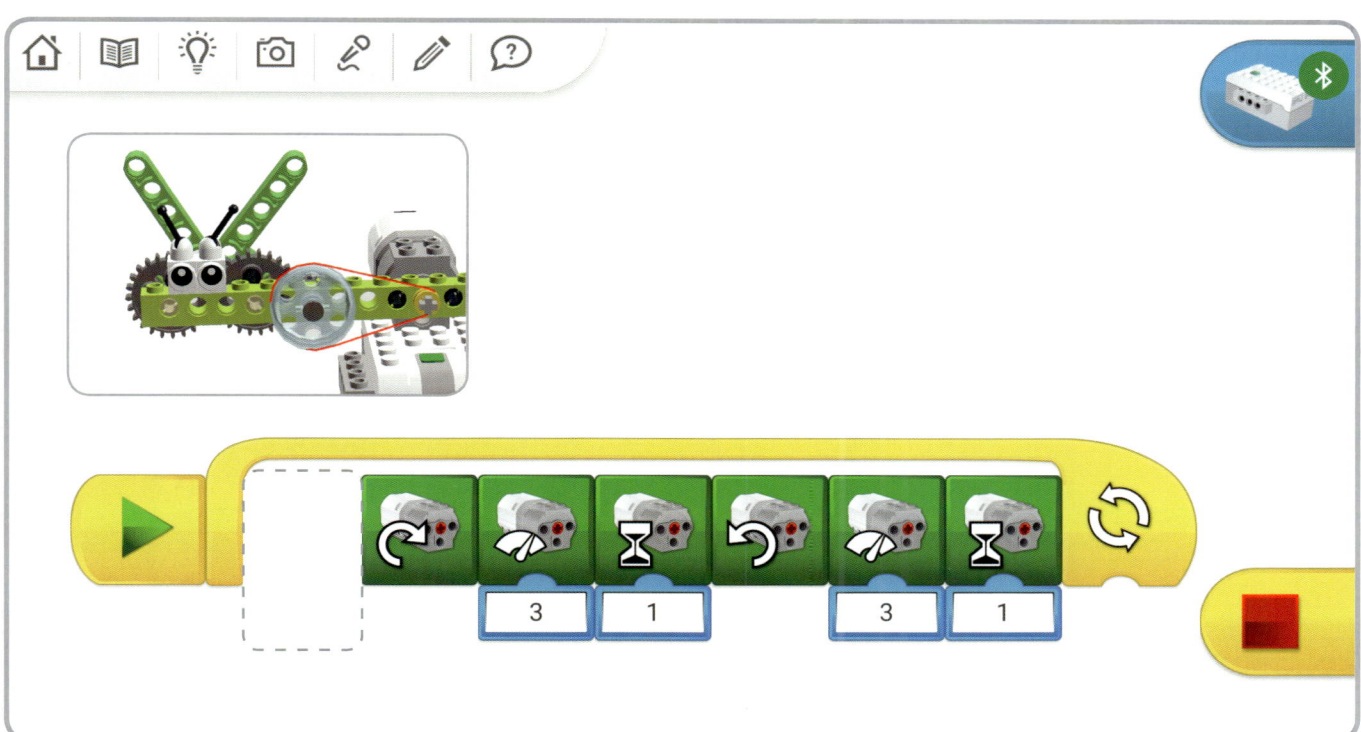

협력 활동

자신만의 나비 날개를 예쁘게 만들어 함께 날려 보세요.

정리하기

· **기어 구동은**
두 개의 기어가 톱니로 연결되어 정확하게 힘을 전달해요.

· **벨트 구동은**
두 개의 도르래가 고무줄로 연결되어 부드럽고 안전하게 힘을 전달해요.

여름5 윙윙 선풍기

1 햇빛 쨍쨍한 여름에는 무슨 일이 일어나고 있을까요? 선생님의 이야기를 잘 들어 보세요.

① 뜨거워진 여름의 모습을 친구들과 함께 몸으로 표현해 보세요.

② 시원하게 여름을 보낼 수 있게 해주는 것은 무엇이 있나요?

③ 나만의 더위 피하는 방법을 친구들과 이야기해 보세요.

2 부채와 선풍기에서 비슷한 일을 하는 곳에 각각 동그라미하고 연결해 보세요.

3 한 여름 더위를 피할 수 있는 것들을 찾아 색연필로 예쁘게 색칠해 보세요.

4 시원한 바람이 부는 선풍기와 선풍기 로봇에서 서로 같은 부분을 찾아보세요.

5 선풍기 로봇을 만들어 보세요.

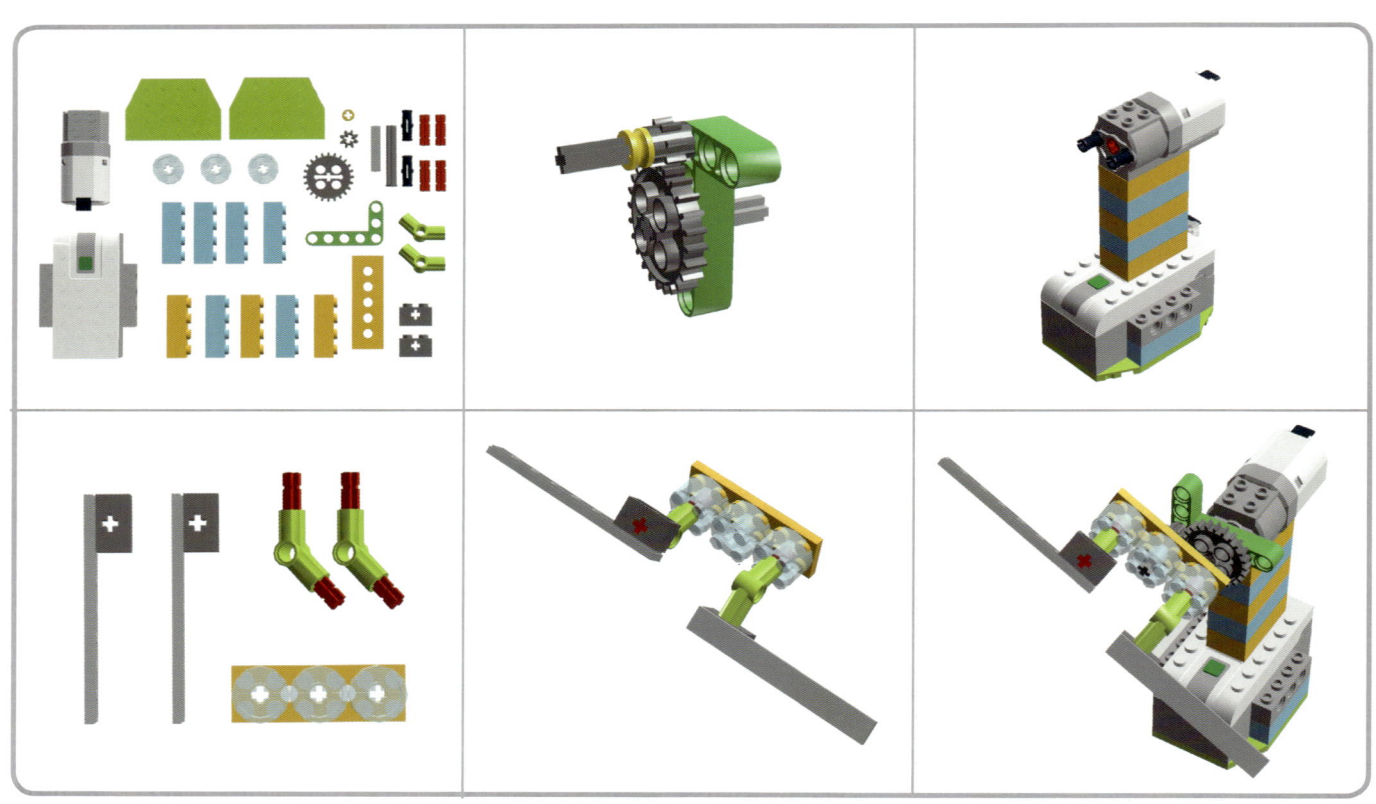

여름5 윙윙 선풍기

6 선풍기 로봇을 움직여 볼까요? 아래와 같이 코딩해 보세요.

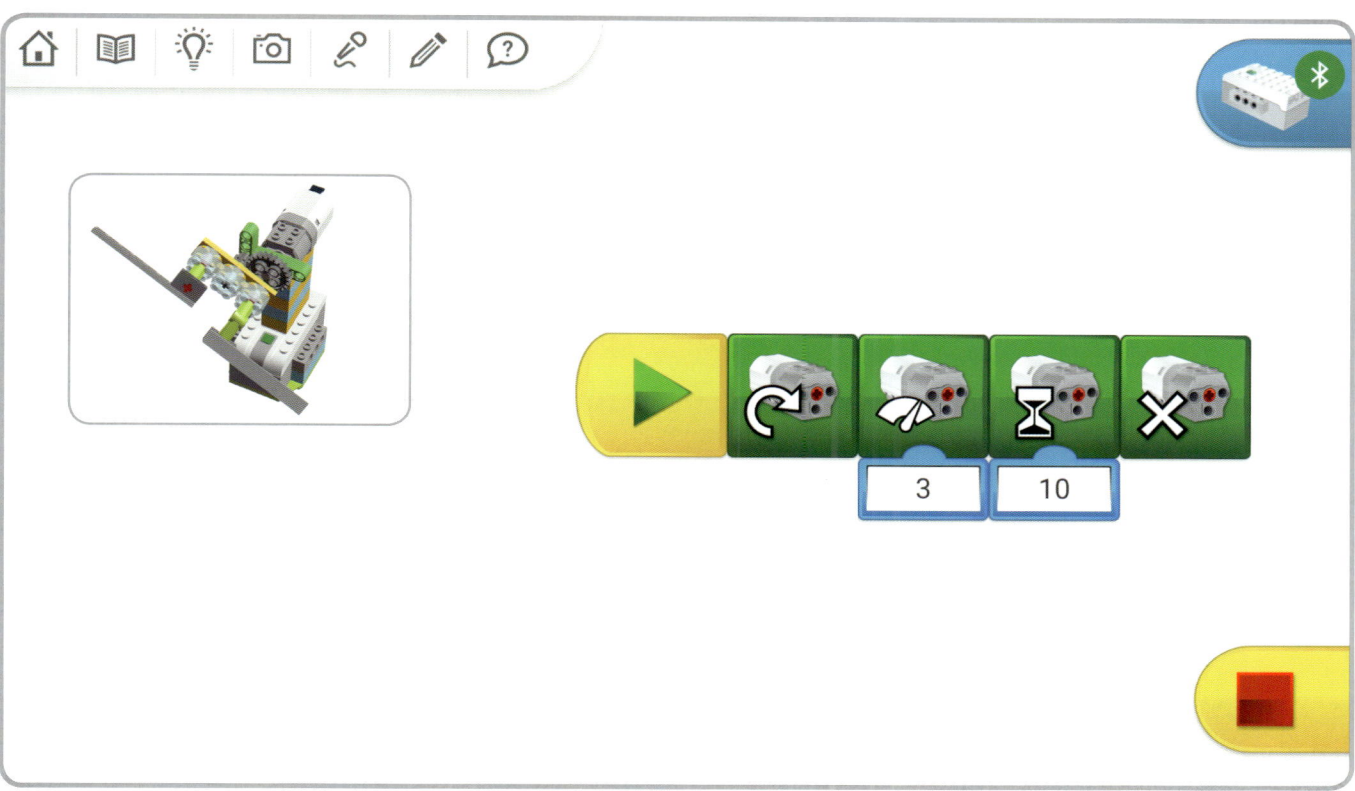

7 날개를 시계 방향으로 돌리려면 어떻게 코딩해야 할까요? 스티커를 붙여 보세요.

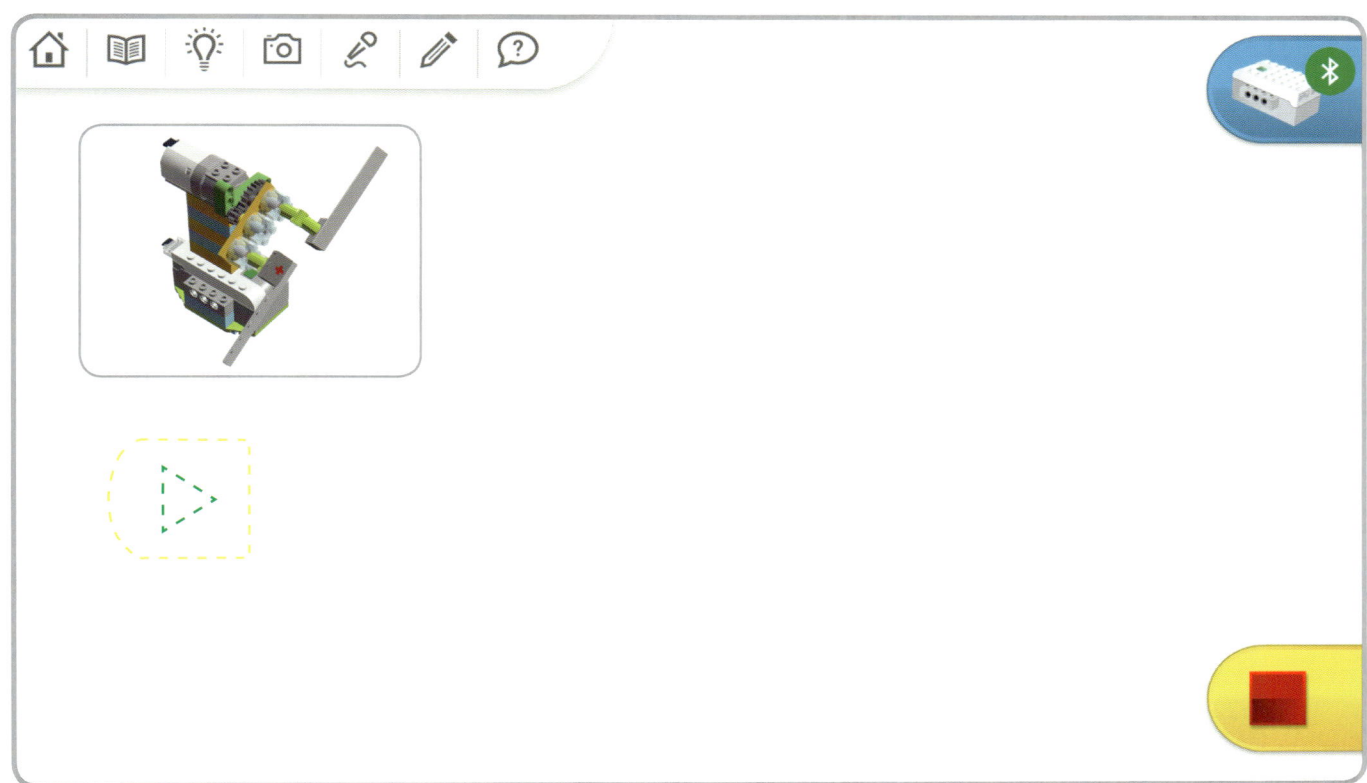

8 선풍기 바람이 10초 동안 강하게 불어나오도록 하려면 어떻게 코딩해야 할까요?

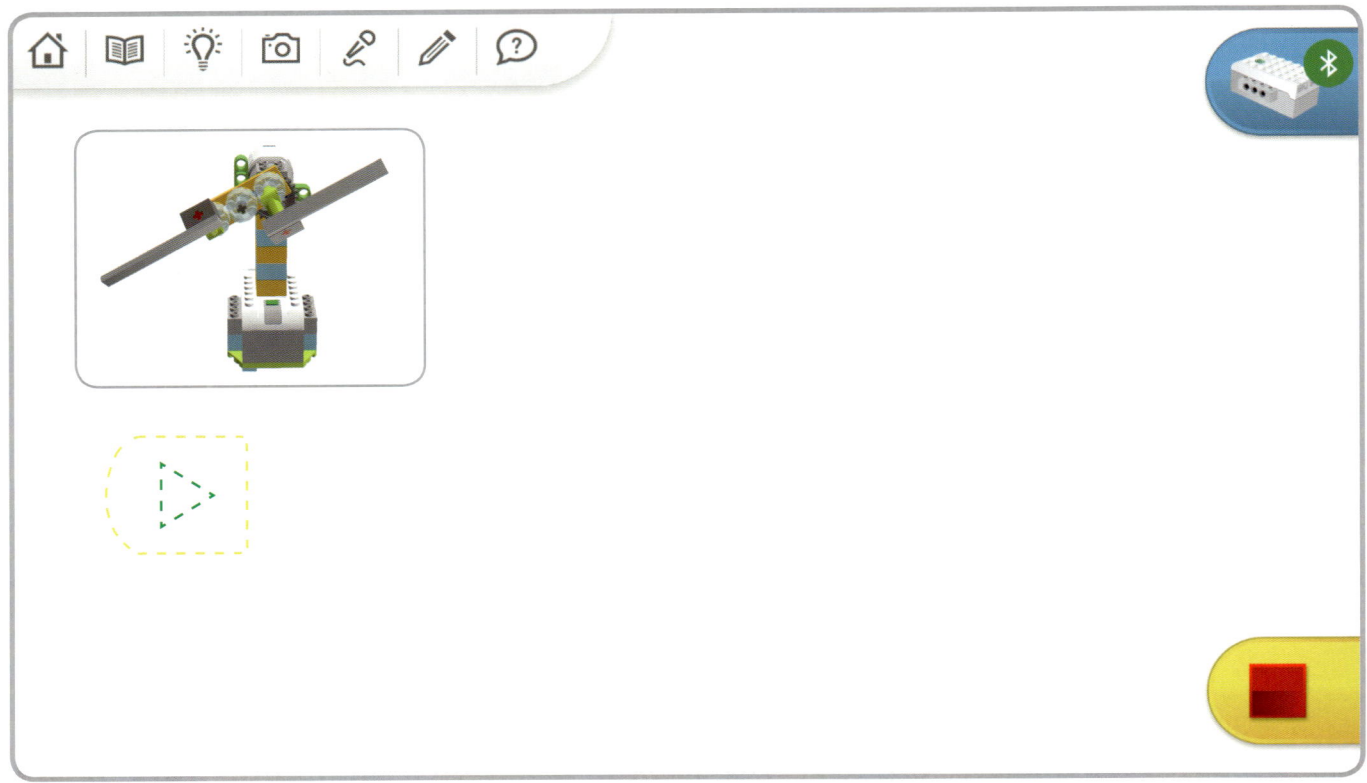

9 위에서 연습한 코딩을 하나로 연결해 보세요.

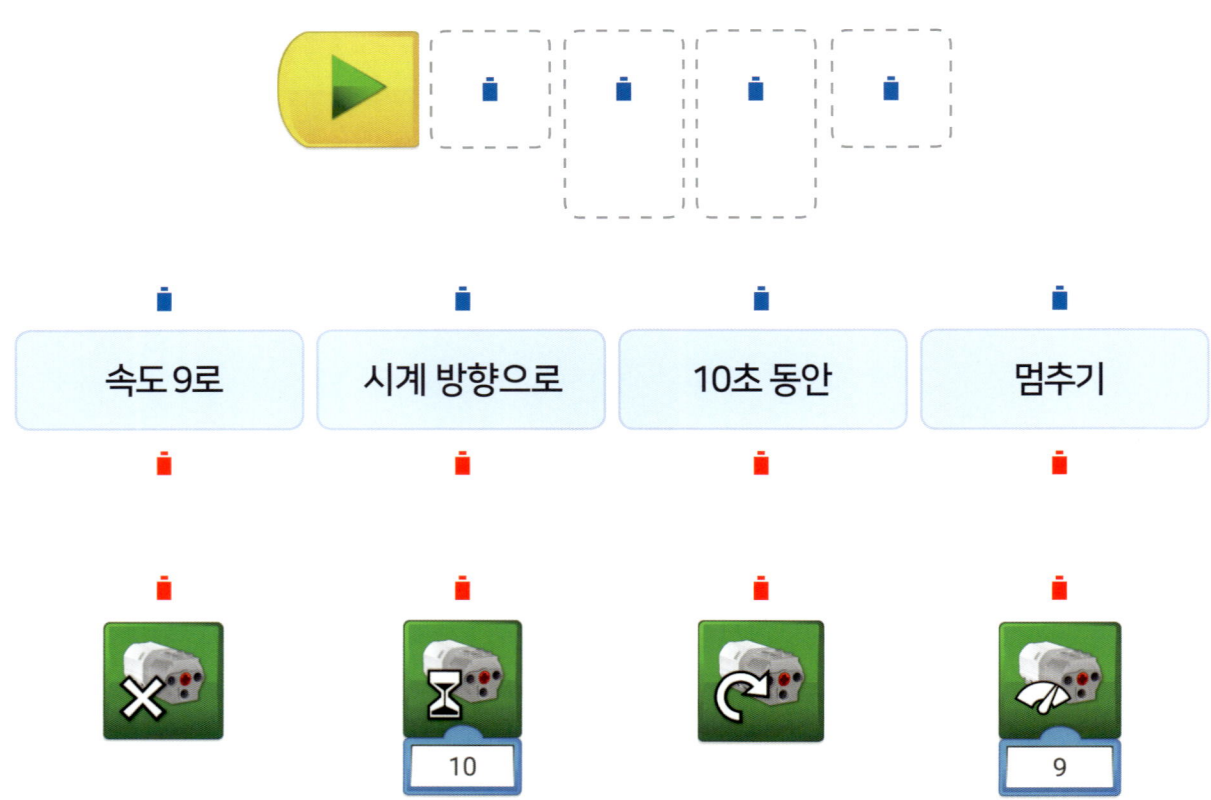

여름5 윙윙 선풍기

10 스마트한 선풍기가 안전사고를 방지하기 위해 아이들이 가까이 다가오면 경고음을 내도록 하고 싶어요. 어떻게 코딩해야 할까요?

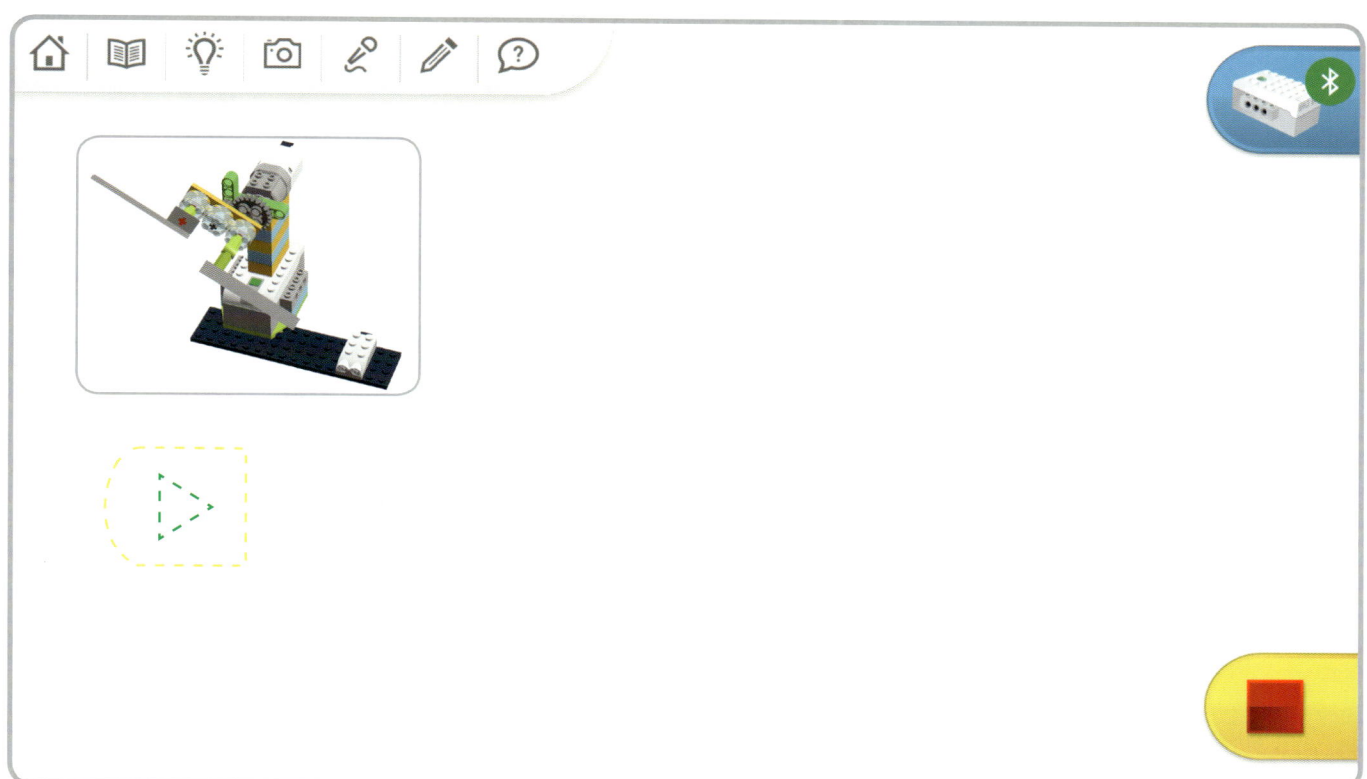

협력 활동

친구들과 함께 교실 어디에서나 시원한 바람이 부는 교실을 꾸며보고 체험해 보세요.

정리하기

24기어   8기어   8기어   24기어

모터에 연결된 기어와 맞물린 기어의 크기에 따라 속도가 달라요.
속도가 빠르게 움직이는 기어 연결에 부등호 표시를 해보세요.

여름6 우리는 메이커

1 무더운 여름에 우리가 사용하는 다양한 종류의 선풍기를 살펴볼까요?

벽걸이 선풍기

천장형 선풍기

써큘레이터

손 선풍기

날개없는 선풍기

❄ 내가 찾은 선풍기의 특징을 친구들과 말해 보세요.

2 나만의 스마트한 선풍기에 어떤 기능을 넣으면 좋을까요?

3 나만의 스마트한 선풍기를 그림으로 그려 보세요.

우리도 할 수 있어요.

[도전 1] 내가 만든 스마트 선풍기는 동작 센서 인식에 따라 선풍기를 켜고 끌 수 있어요.

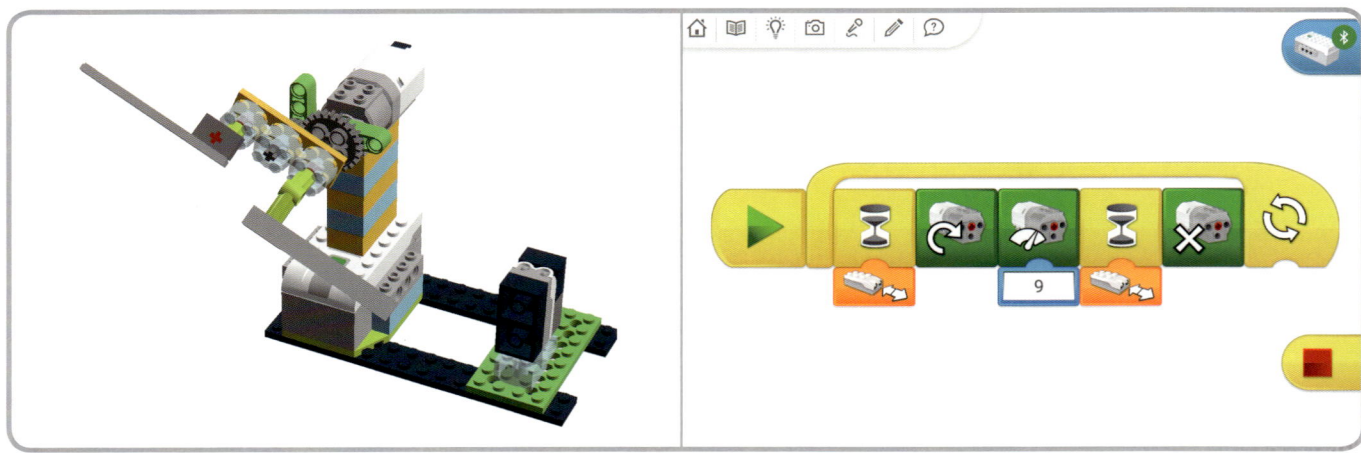

[도전 2] 선풍기 기어의 다양한 연결 방법에 따라 속도가 달라지게 할 수 있어요.

[도전 3] 선풍기의 속도를 기울기 센서로 조절할 수 있어요.

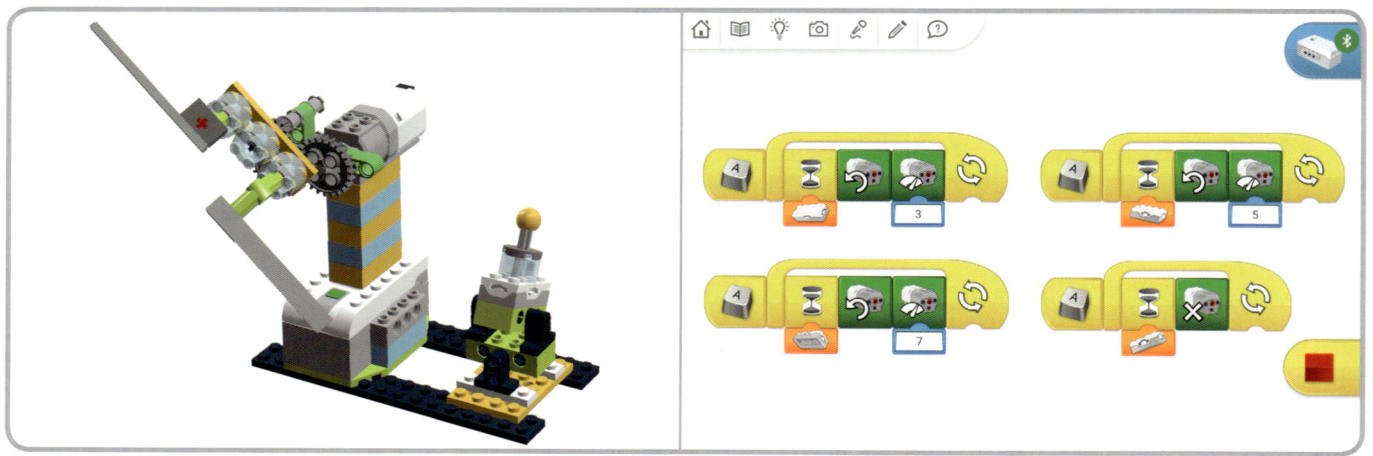

여름6 우리는 메이커

4 나만의 스마트한 선풍기를 만들어 보세요.

[1] 완성한 선풍기를 작동해보고, 잘되지 않는 것을 적어 보세요.

[2] 나만의 스마트한 선풍기를 친구들에게 소개해 보세요.

가을1 땅이 흔들거려요.

1 "우르르 쾅쾅!" 어떤 일이 일어났을까요? 선생님의 이야기를 잘 들어 보세요.

① 땅이 흔들리는 것을 경험해 본 적이 있나요?

② 땅이 크게 흔들리면 어떤 일들이 생기나요?

③ 땅이 흔들리는 것을 두 글자로 무엇이라고 할까요?

2 지진은 땅이 흔들리면서 일어나요. 땅이 어떻게 흔들리는지 그 모습을 관찰해 볼까요?
레고® 브릭으로 흔들리는 땅과 건물을 구성해 보세요.

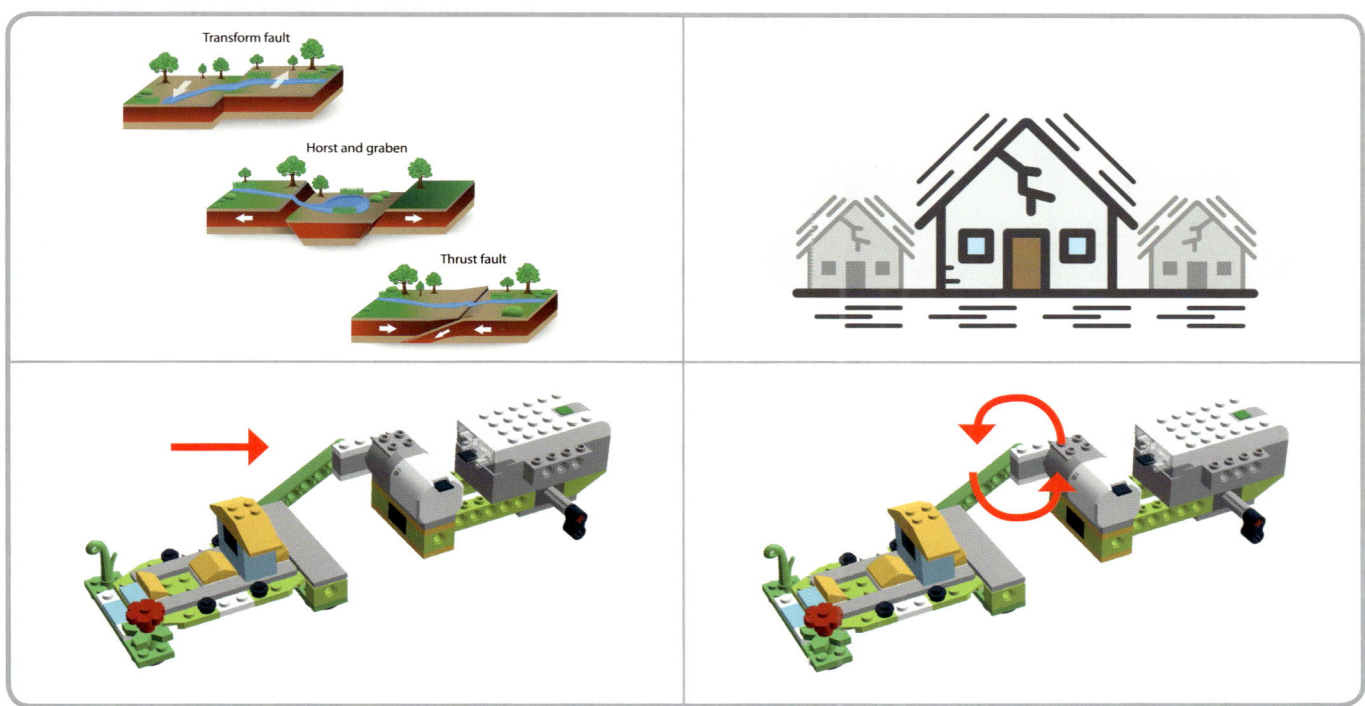

3 지진이 일어났어요. 우리 몸을 보호하기 위해 무엇을 해야 할까요?
바른 행동을 한 친구를 색연필로 색칠해 보세요.

4 땅을 흔들리게 하는 장치를 만들어 보세요.
☼ WeDo 2.0 앱 실행 – 안내형 프로젝트 – 3a.지진

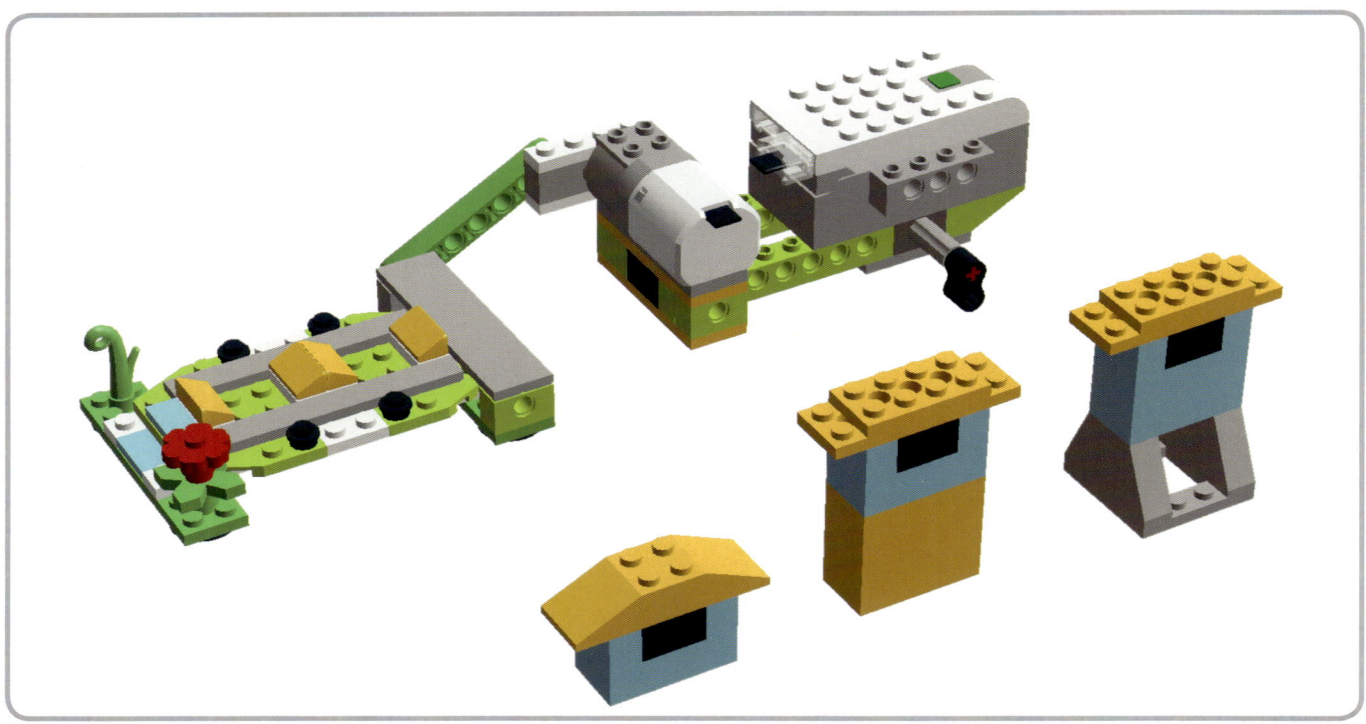

5 땅이 흔들리는 장치가 움직이도록 코딩해 보세요.

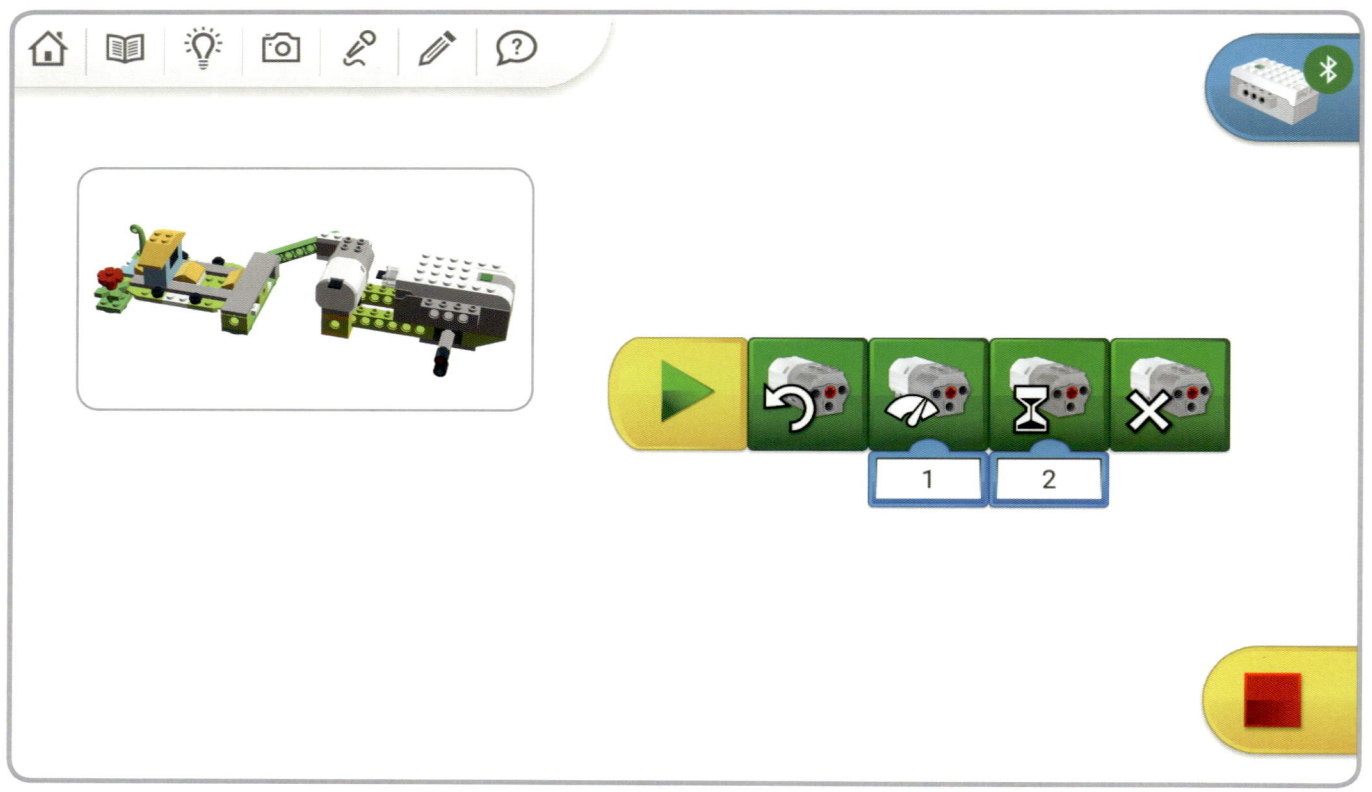

가을1 땅이 흔들거려요.

6 지진 강도(모터 출력 블록)를 다르게 코딩해 건물의 움직임을 관찰해 보세요.

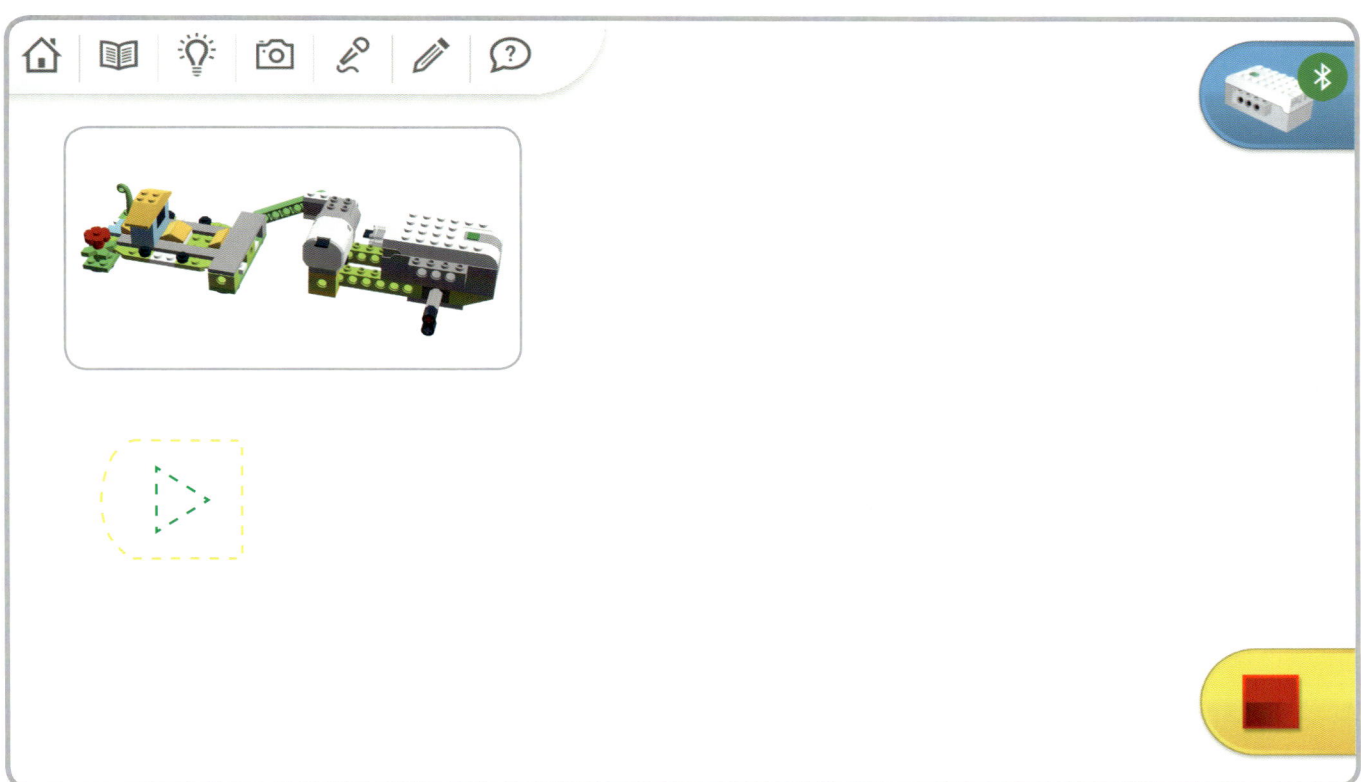

7 위에서 연습한 코딩을 하나로 연결해 보세요.

9 지진 강도에 따라 다양하게 움직이는 지진 시뮬레이터를 코딩해 보세요.

10 각 건물들이 넘어지는 지진의 강도를 예상해 보고 실험해 보세요.

건물이 넘어지는 예상 지진 강도			

✳ 지진의 강도에 따라 건물들이 서있으면 (O) / 넘어지면 (X) 표시해보세요.

1			
2			
3			
4			
5			

가을1 땅이 흔들거려요.

협력 활동 강도가 8 이상인 지진에 견딜 수 있는 가장 높은 건물을 만들어 보세요.

① 강도가 8 이상인 지진에 견딜 수 있는 가장 높은 건물을 디자인해 보세요.

② 위에서 디자인한 건물을 레고® 브릭으로 구성해 보세요.

③ 지진 시뮬레이터 위에서 자신이 설계한 건물들을 실험해 보세요.

정리하기

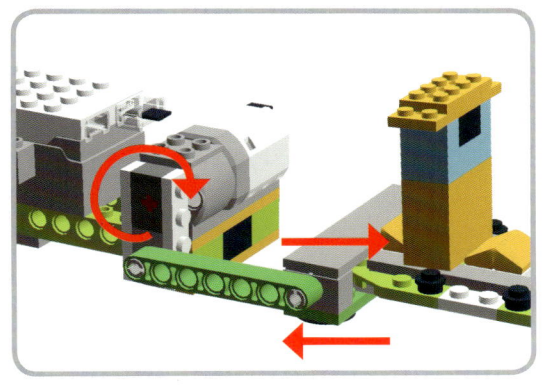

모터가 돌면서 생기는 회전 운동을 초록색 빔을 사용하여 앞뒤로 움직이는 왕복 운동으로 바꿀 수 있어요.
앞뒤로 빨리 움직이면 땅이 흔들리는 것과 비슷한 효과를 만들 수 있어요.

가을2 동물들을 구조해요.

1 지진이 일어나면 주변 곳곳이 위험해요. 선생님의 이야기를 잘 들어 보세요.

① 사진에서는 무엇이 보이나요?

② 도움을 요청하는 방법에 대해 이야기해 보세요.

③ 고립된 사람이나 동물들을 구조할 때는 무엇을 사용하나요?

2 지진으로 고립된 사람들을 구하려고 헬리콥터가 출동하네요. 헬리콥터가 위험한 상황에 놓인 사람들을 어떻게 구조할까요? 이야기를 나눠보세요.

3 구조에 사용되는 헬리콥터의 모습이에요. 나만의 멋진 헬리콥터를 표현해 보세요.

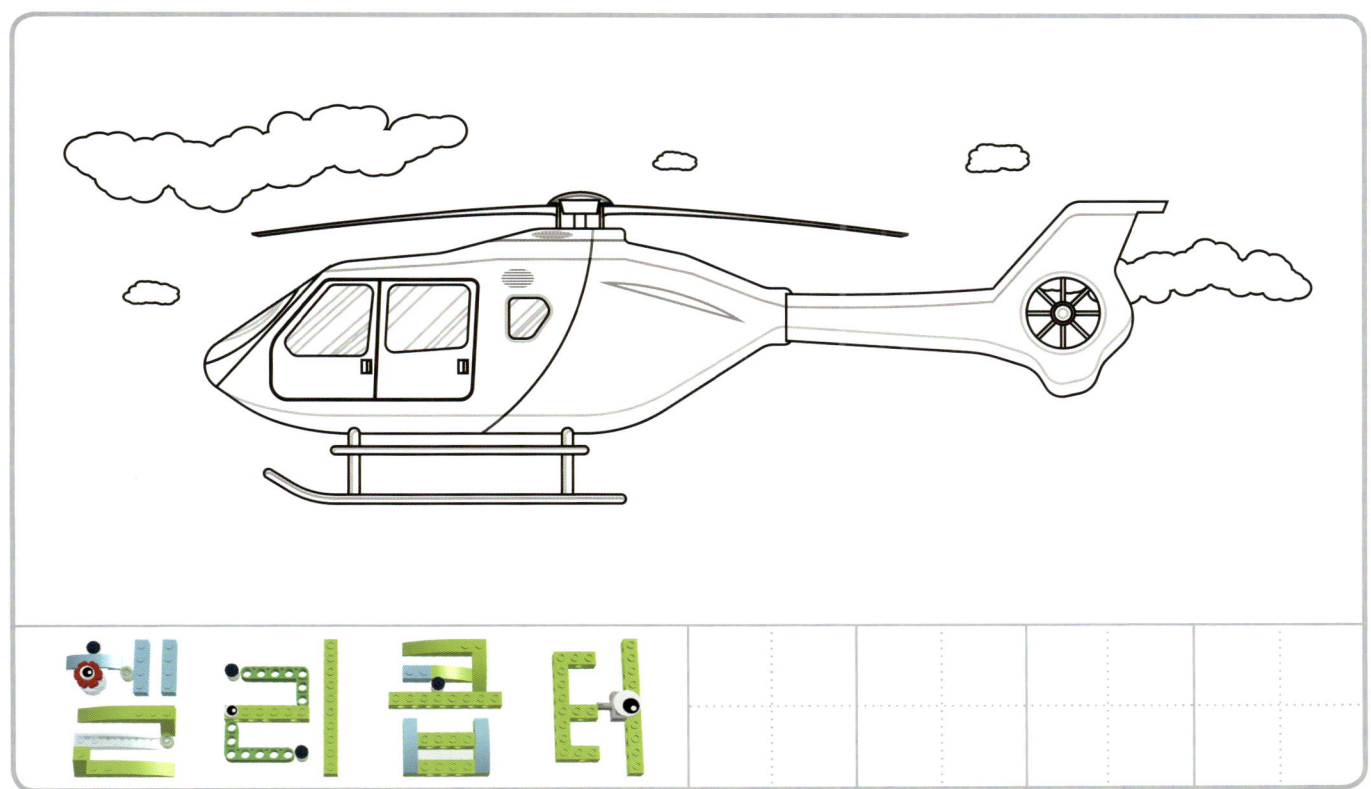

4 레고® 브릭으로 헬리콥터를 만들어 보세요.
✿ WeDo 2.0 앱 실행 – 안내형 프로젝트 – 7.헬기 구조 임무

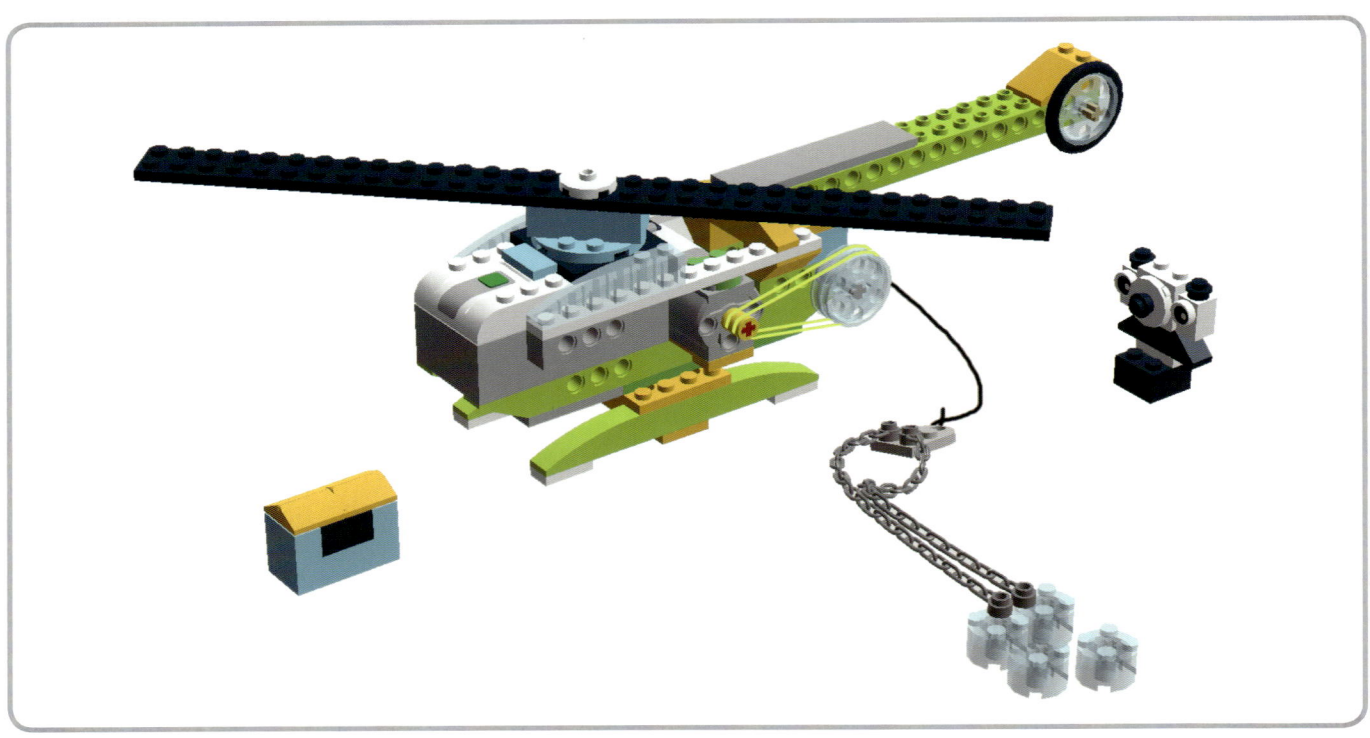

5 헬리콥터의 줄을 감아 구조하는 코딩을 따라 해 보세요.

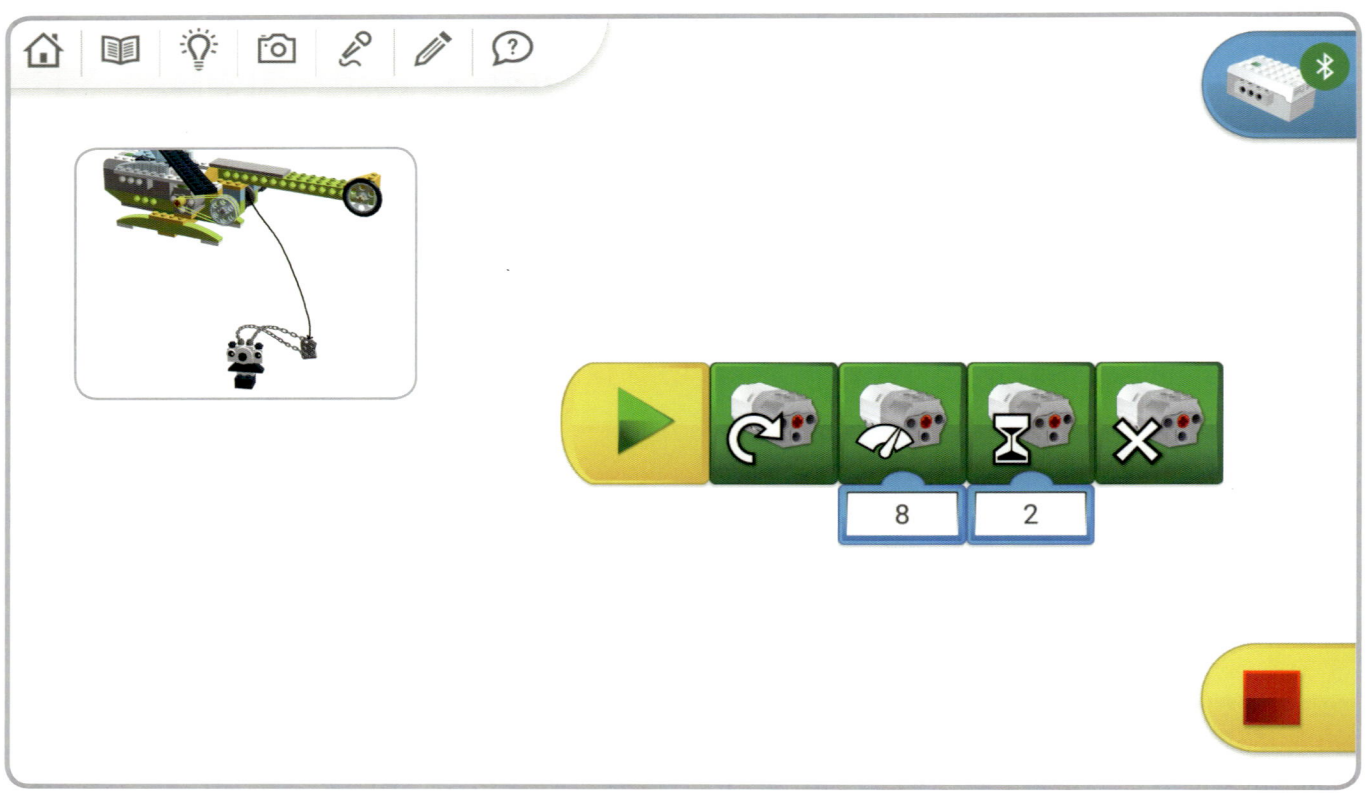

가을2 동물들을 구조해요.

6 또 다른 구조를 위해 줄을 풀려면 어떻게 코딩해야 할까요?

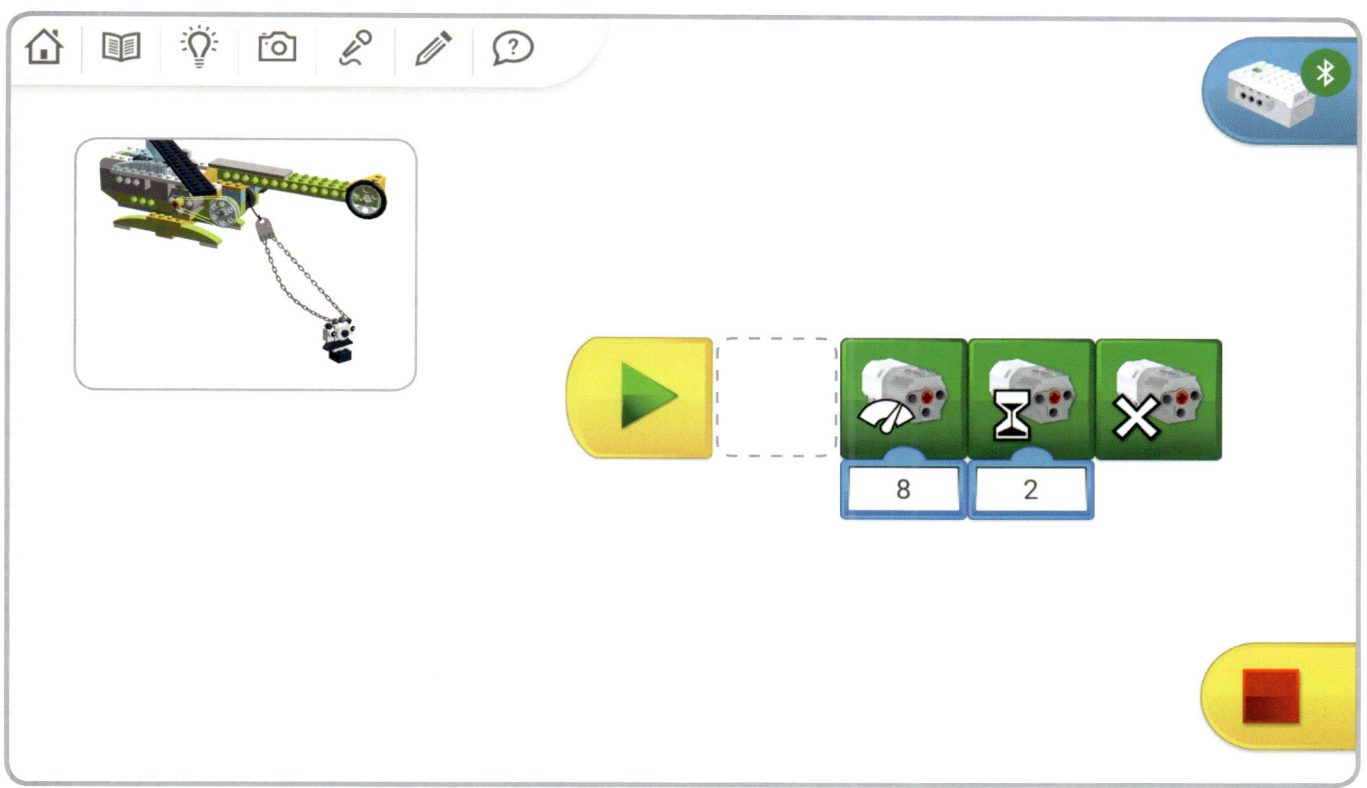

7 위에서 연습한 코딩을 하나로 연결해 보세요.

* 줄을 감는 경우

* 줄을 푸는 경우

8 헬리콥터를 위아래로 움직이고 싶어요. 시작 버튼을 다르게 코딩해 볼까요?
위로 올라가요. U(Up) / 아래로 내려가요. D(Down)

※ '키 누르면 시작 블록'을 사용하여 조명 블록의 색깔을 바꿔보세요.

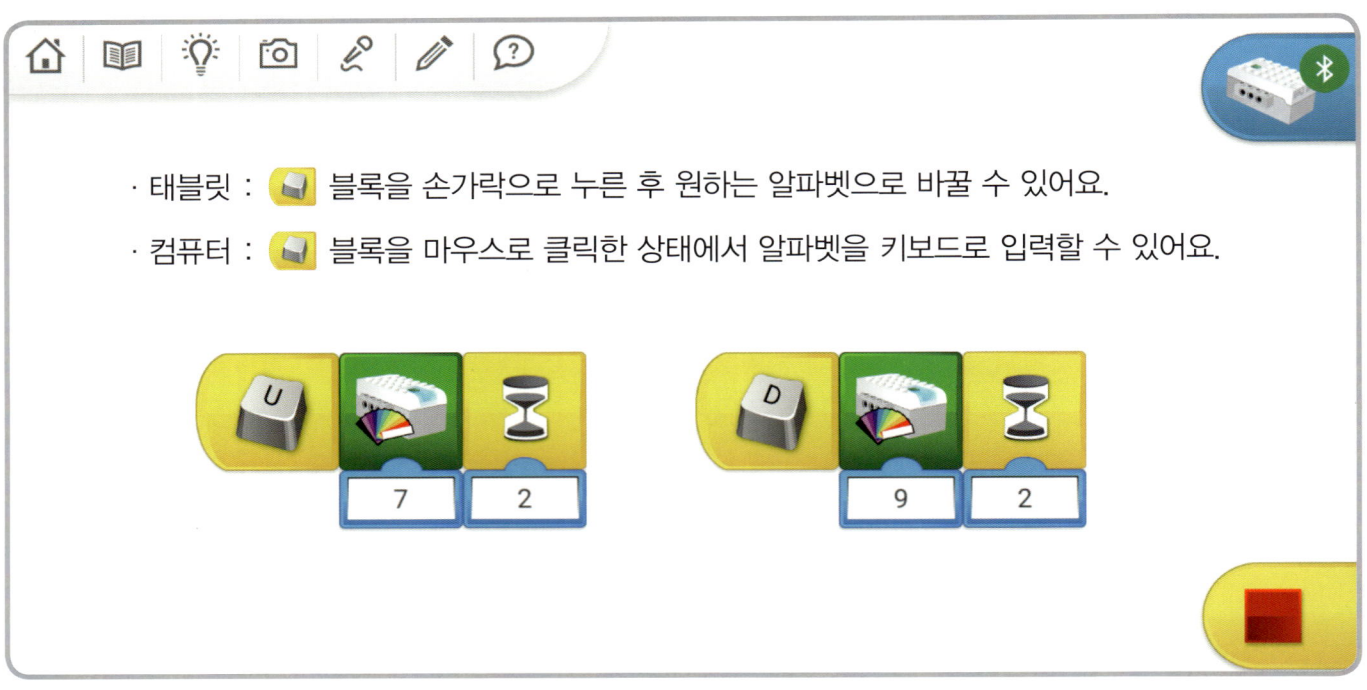

※ 'U' 키를 사용해서 헬리콥터의 줄을 올리고 싶어요. 어떻게 코딩해야 할까요?
스티커를 붙여 보세요.

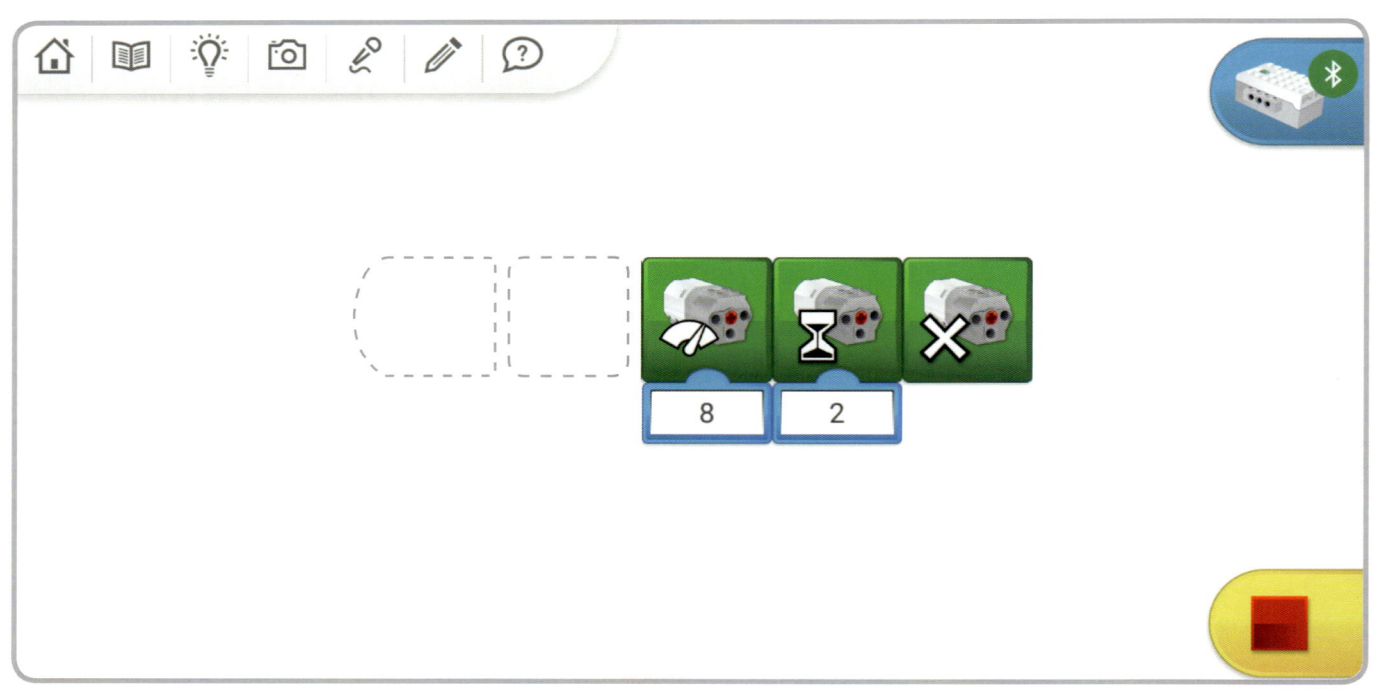

* 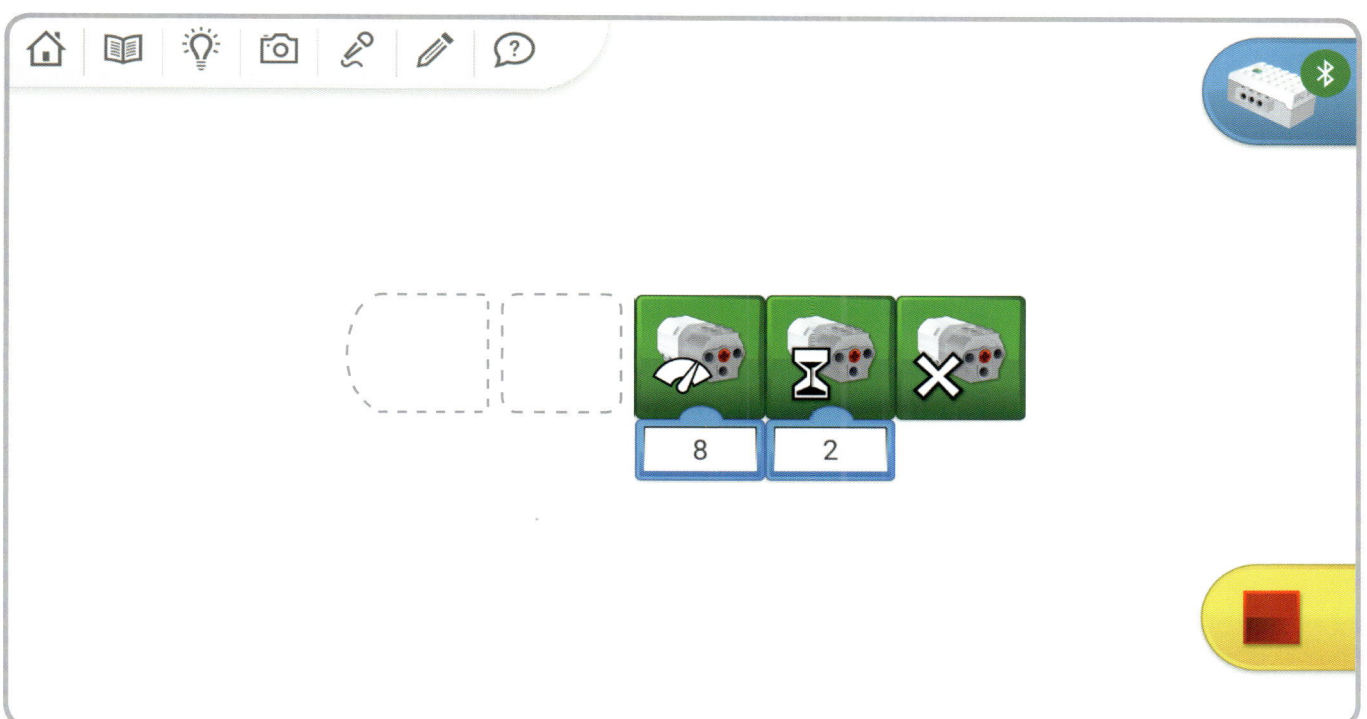 'D' 키를 사용해서 헬리콥터의 줄을 내리고 싶어요. 어떻게 코딩해야 할까요? 스티커를 붙여 보세요.

협력 활동

 팬더 인형을 책상 위에 올려두고 친구들과 함께 헬리콥터로 팬더 인형을 구조해 보세요.

정리하기

도르래란?

흠이 있는 바퀴로 고무줄과 같은 벨트를 연결해 모터의 힘(동력)을 전달해요.

도르래를 이용하면 고무줄(벨트)이 미끄러지면서 부드럽게 힘을 전달할 수 있어요.

가을3 나뭇잎이 떨어져요.

1 울긋불긋 거리마다 예쁜 옷으로 갈아입은 나뭇잎을 만나요.

❋ 가을이 되어 변화된 모습을 관찰하고 친구들에게 소개해 보세요.

① 사진에서는 무엇이 보이나요?

② 가장 기억에 남는 장면은 무엇인가요?

③ 나뭇잎이 떨어지는 장면을 친구들과 몸으로 표현해 보세요.

④ 떨어진 나뭇잎을 두 글자로 무엇이라고 할까요?

2 거리마다 가을을 알려주는 낙엽들이 쌓여 있네요. 쌓여있는 낙엽 청소로 힘들어하는 환경 미화원 아저씨를 도와주는 낙엽 청소차는 어떻게 움직일까요? 관찰해보고 이야기를 나눠보세요.

3 노랗고 빨갛게 물든 가을의 모습을 색연필로 색칠해 보세요.

4 거리에 쌓여있는 낙엽을 청소하는 낙엽 청소차를 만들어 보세요.
   ✿ WeDo 2.0 앱 실행 – 모델 라이브러리 – 13b.바닥 청소기

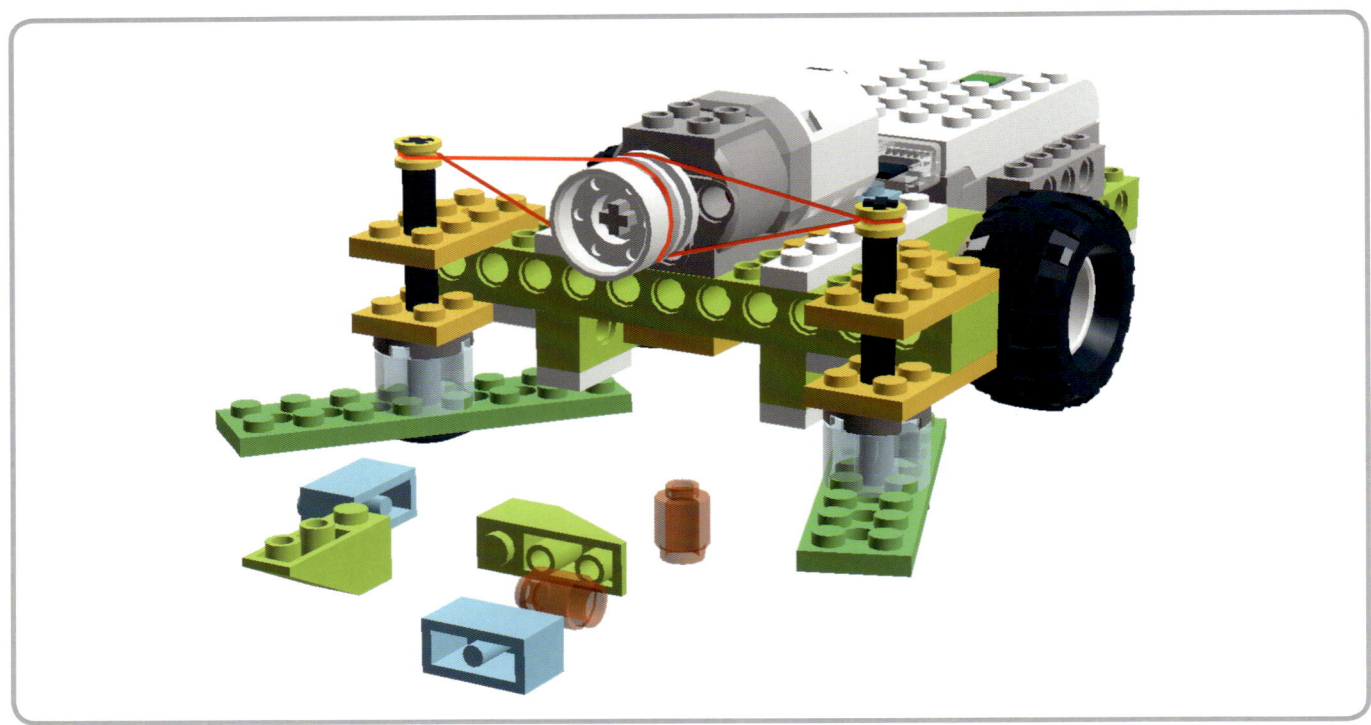

5 낙엽 청소차를 움직여 볼까요? 아래와 같이 코딩해 보세요.

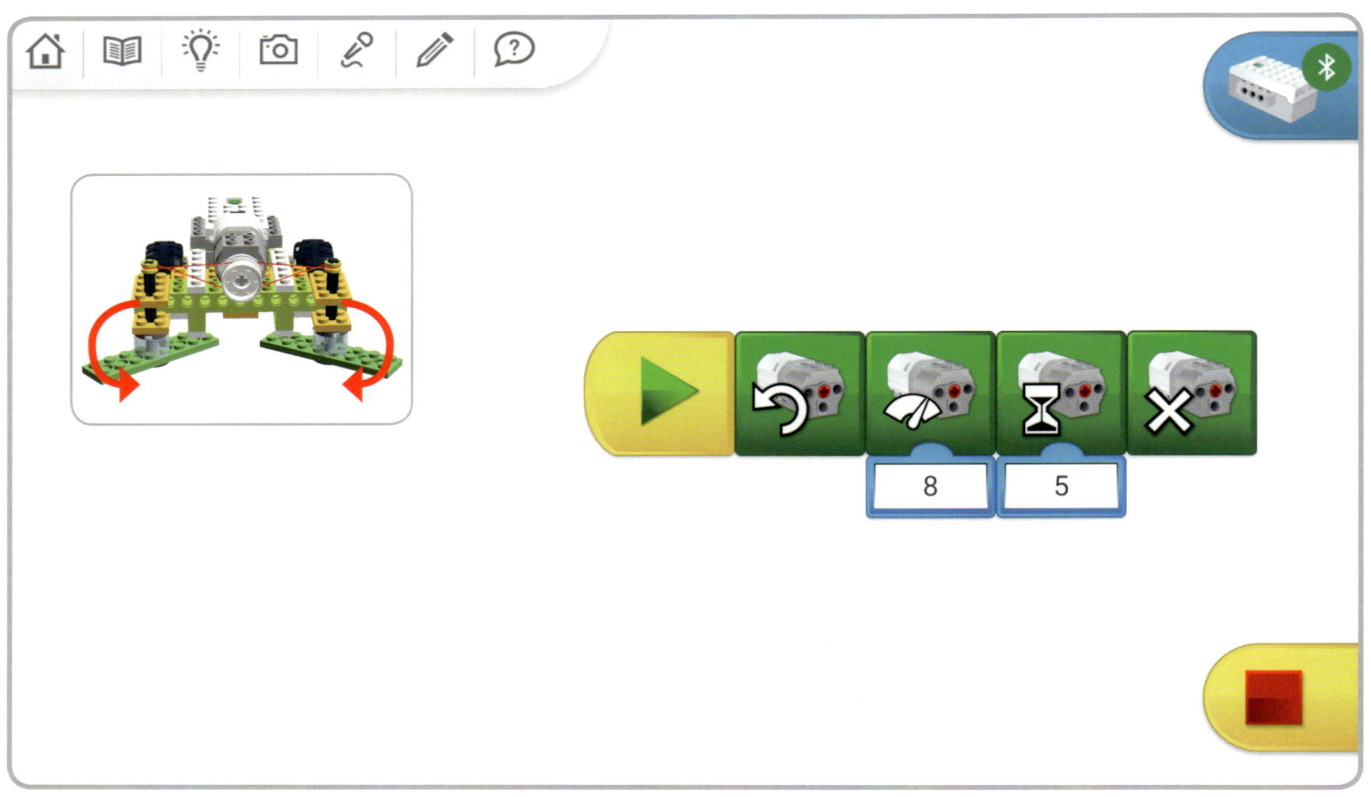

가을3 나뭇잎이 떨어져요.

6 신호음을 내며 안전하게 청소할 수 있는 낙엽 청소차를 코딩해 보세요.

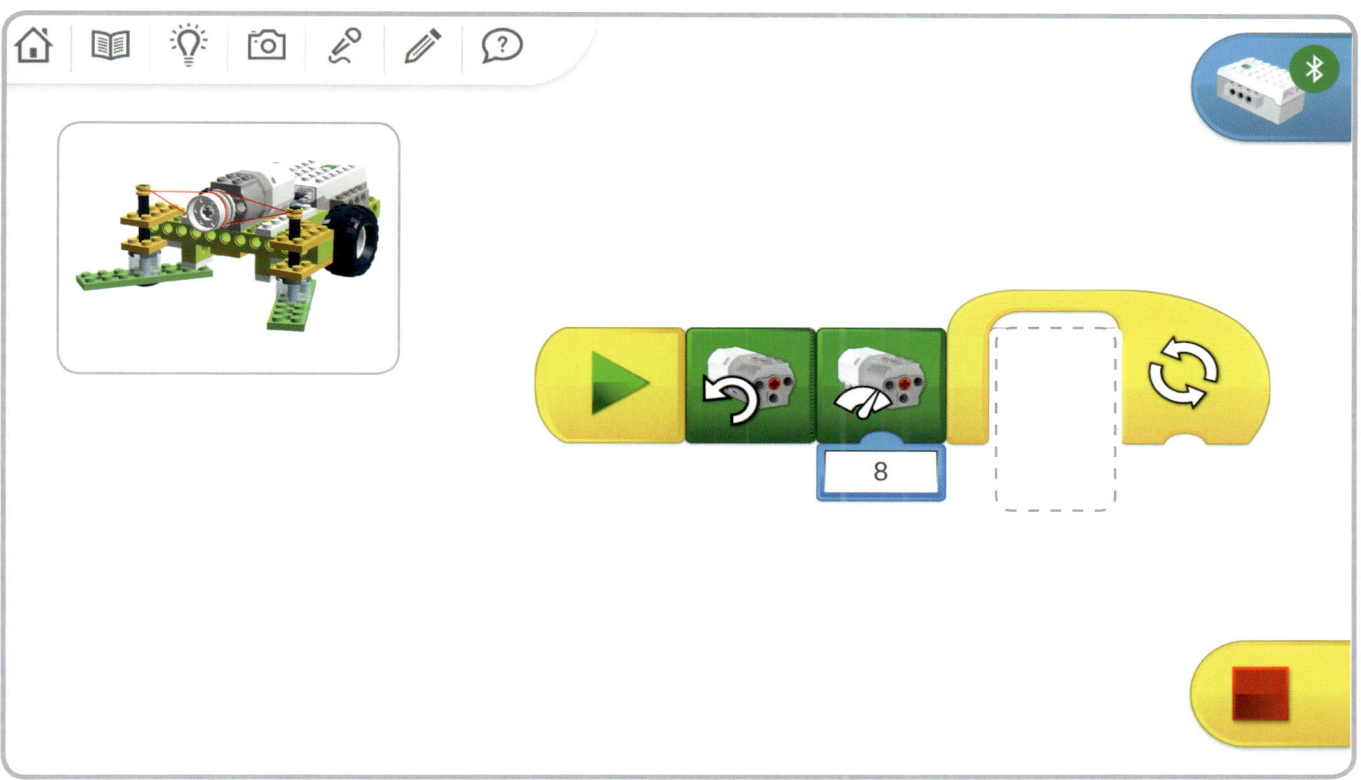

7 위에서 연습한 코딩을 하나로 연결해 보세요.

청소를 시작해요.   소리가 나요.

8 기울기 센서를 사용해서 낙엽 청소차가 청소하는 속도를 조절하는 장치를 만들고 코딩해 보세요.

✺ WeDo 2.0 앱 실행 – 모델 라이브러리 – 15b.조이스틱 참고 및 응용

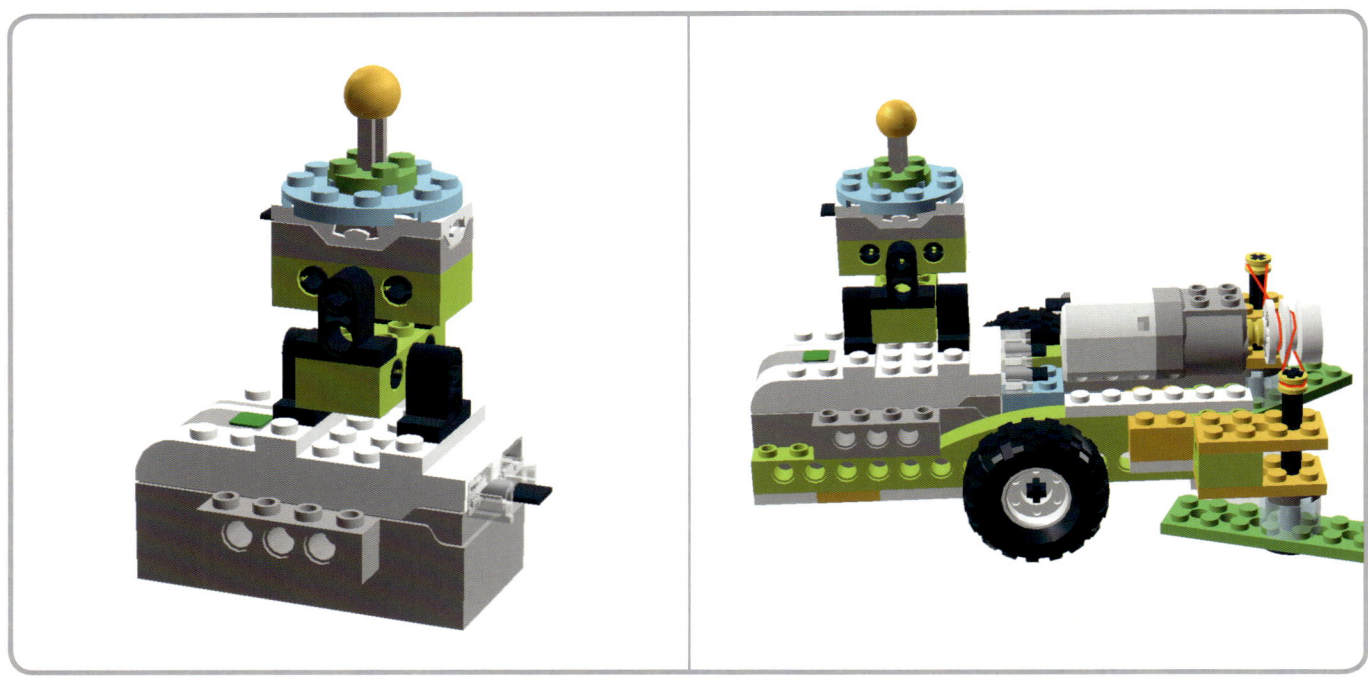

9 조이스틱으로 청소를 하는 속도를 조절해 보세요.

가을3 나뭇잎이 떨어져요.

[참고 자료] 화면 표시 블록을 활용해서 조이스틱의 기울기 센서 값을 측정해 보세요.

- 조이스틱을 🟧 (아래)로 기울이면 화면에 숫자 (   )이 나타나요.
- 조이스틱을 🟧 (위)로 기울이면 화면에 숫자 (   )이 나타나요.
- 조이스틱을 🟧 (왼쪽)으로 기울이면 화면에 숫자 (   )이 나타나요.
- 조이스틱을 🟧 (오른쪽)으로 기울이면 화면에 숫자 (   )이 나타나요.
- 조이스틱을 🟧 기울이지 않으면 화면에 숫자 (   )이 나타나요.

협력 활동

친구들과 함께 낙엽(🟧 1x2 레고® 브릭)을 바닥에 뿌려보고 낙엽 청소차로 교실 바닥에 있는 낙엽을 청소해 보세요.

정리하기

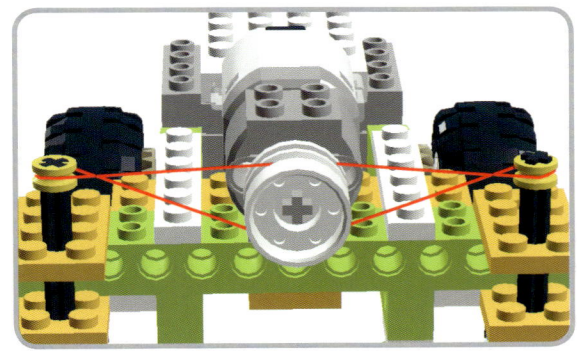

도르래의 고무줄 연결 방법에 따라 힘을 전달하는 방향이 바뀌어요.

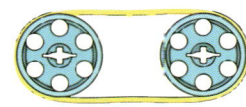

개방 벨트
같은 방향

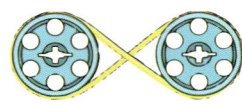

교차 벨트
반대 방향

가을4 반디야 놀자.

1 가을밤 작은 불빛들이 반짝반짝 뽐내기를 하네요. 누구일까요?

① 사진에서는 무엇이 보이나요?

② 반딧불이의 다른 이름은 무엇인가요?

③ 반딧불이는 몸 어디에서 불빛을 낼까요?

2 반딧불이는 스스로 불빛을 만들어요. 반딧불이의 모습을 관찰해 보고 다른 점을 찾아 보세요.

3 반딧불이의 모습을 색연필로 예쁘게 색칠해 보세요.

4 반딧불이를 만들어 보세요.
- WeDo 2.0 앱 실행 – 모델 라이브러리 – 15a.반디

5 반딧불이의 LED에 다양한 방법으로 불빛을 낼 수 있도록 코딩해 보세요.
- LED에 불빛이 무작위로 나오게 하려면 어떻게 코딩해야 할까요? 스티커를 붙여 보세요.

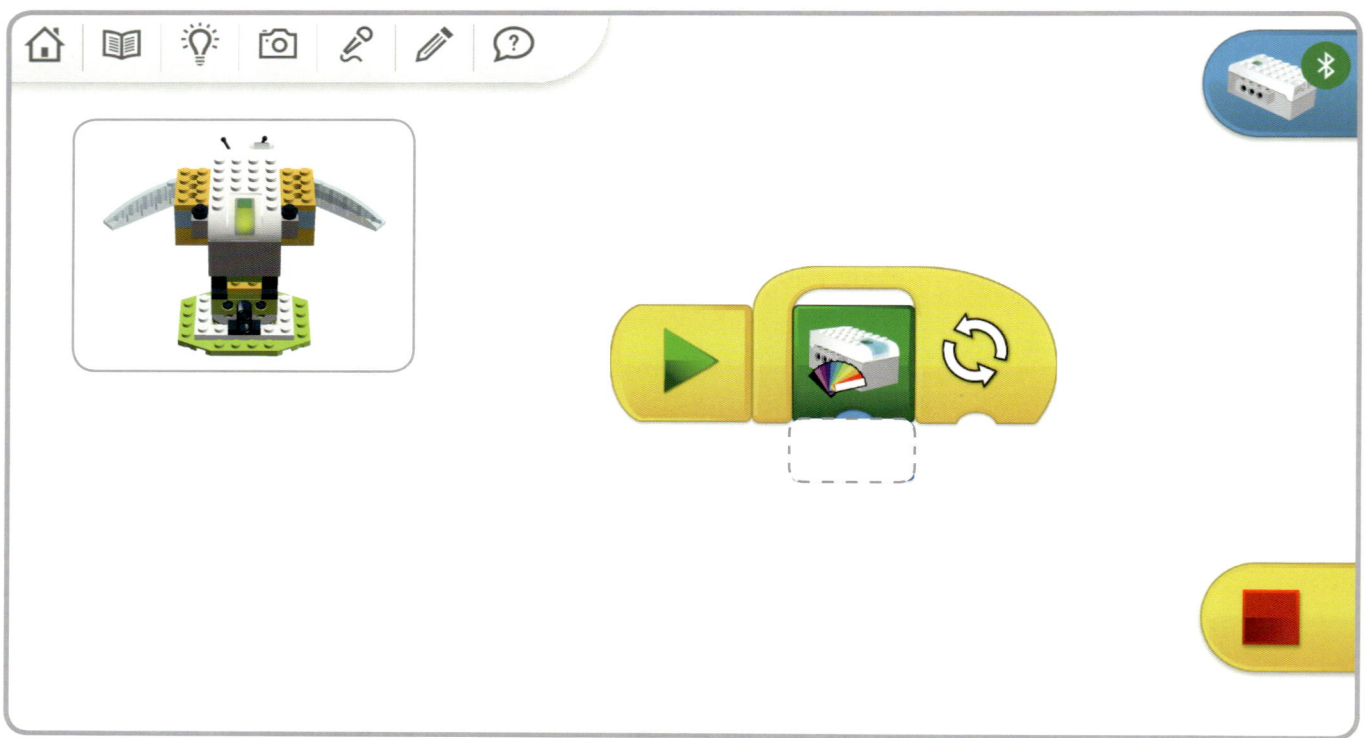

6 기울기 센서를 ![좌] 으로 기울이면 노란색 불빛이, ![우] 으로 기울이면 빨간색 불빛이 나오게 하려면 어떻게 코딩해야 할까요? 스티커를 붙여 보세요.

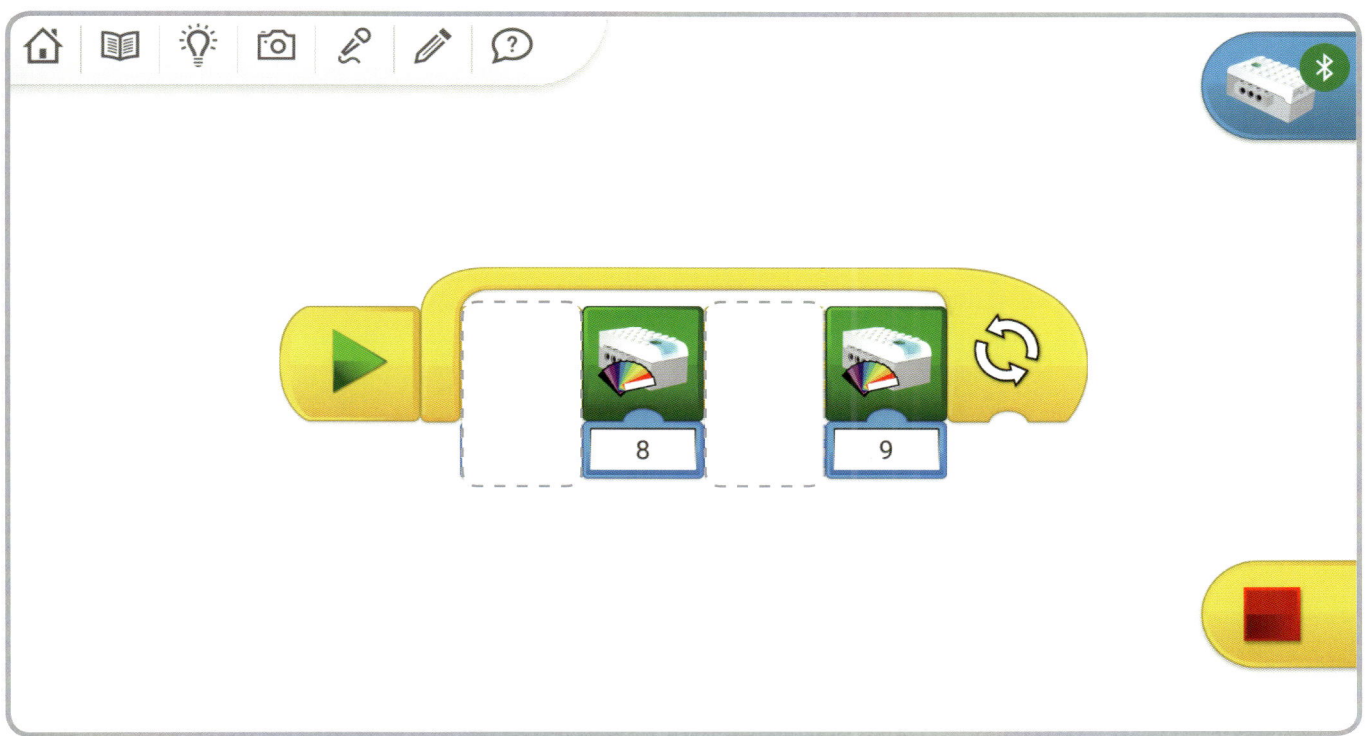

7 위에서 연습한 코딩을 하나로 연결해 보세요.

8 기울기 센서 값에 따라 반딧불이의 LED 색깔이 바뀌도록 하고 싶어요. 아래의 표에 알맞게 반딧불이의 LED 색깔이 바뀌려면 어떻게 코딩해야 할까요?
스티커를 붙여 보세요.

기울기 방향	가운데	앞	뒤	왼쪽	오른쪽
색깔	색깔없음	파란색	빨간색	연두색	청록색

가을4 반디야 놀자.

[참고 자료] 위의 블록들을 활용하여 기울기 센서 값을 화면에 나타내어 보세요.

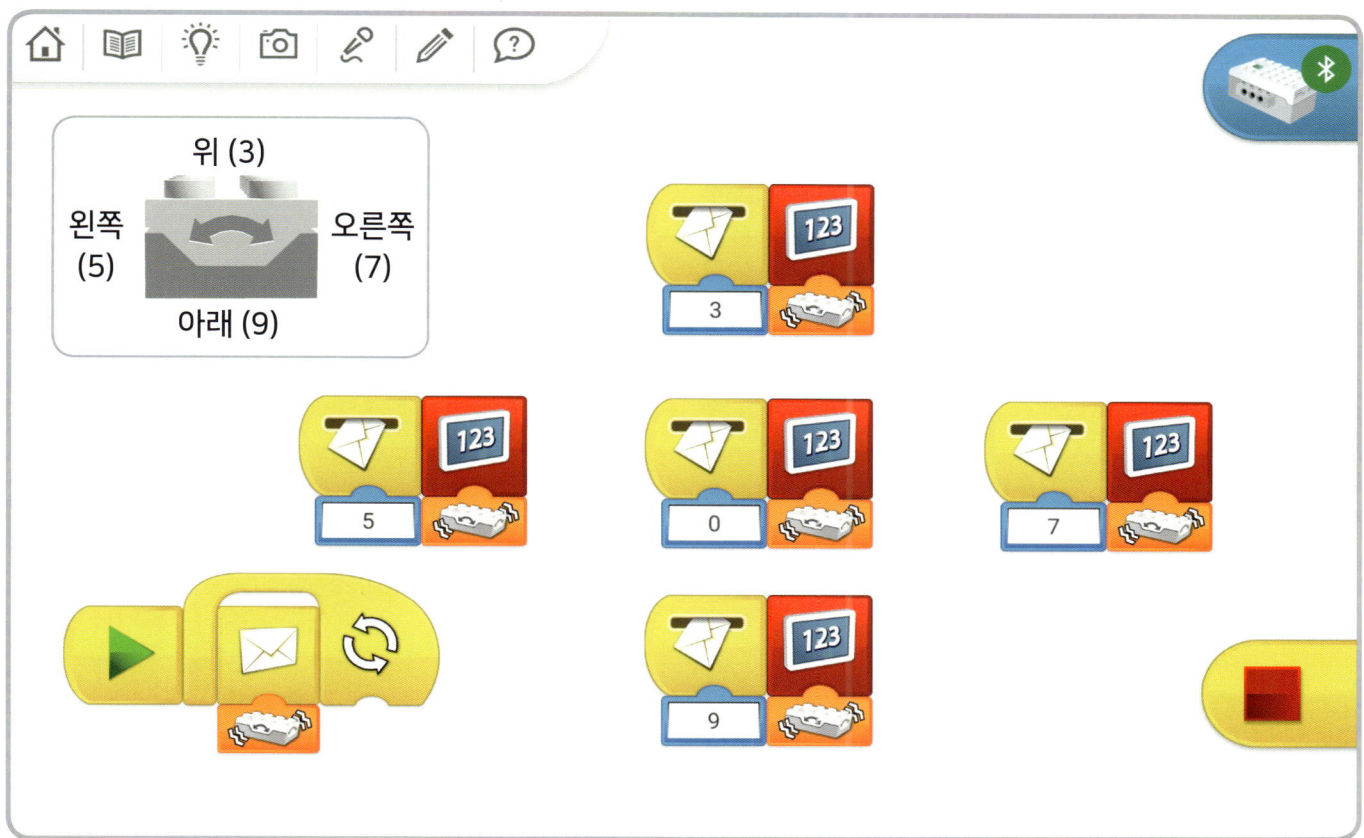

✲ 반딧불이의 기울기 방향에 따라 화면의 숫자가 어떻게 바뀌나요?

협력 활동

친구들과 함께 반딧불이를 나뭇잎 위에 올려두고 숲속에서 반짝반짝 빛나게 만들어 보세요.

정리하기

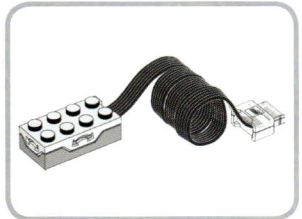

기울기 센서는 앞, 뒤, 왼쪽, 오른쪽, 가운데를 구분하게 해줘요.
그래서 반딧불이를 앞, 뒤, 왼쪽, 오른쪽, 가운데로 기울였을 때
다른 색깔의 빛을 낼 수 있어요.

가을5 분리수거를 해요.

1 아래 그림에서 무엇을 볼 수 있나요? 선생님의 이야기를 잘 들어 보세요.

① 사진에서는 무엇이 보이나요?

② 반딧불이를 잘 볼 수 없는 이유는 무엇인가요?

③ 재활용할 수 있는 쓰레기는 어떻게 해야 하나요?

④ 왜 쓰레기를 따로따로 버려야 할까요?

2 쓰레기통과 분리수거 트럭에서 쓰레기를 담을 수 있는 곳을 찾아보세요.

3 분리수거 트럭의 모습을 색연필로 예쁘게 색칠해 보세요.

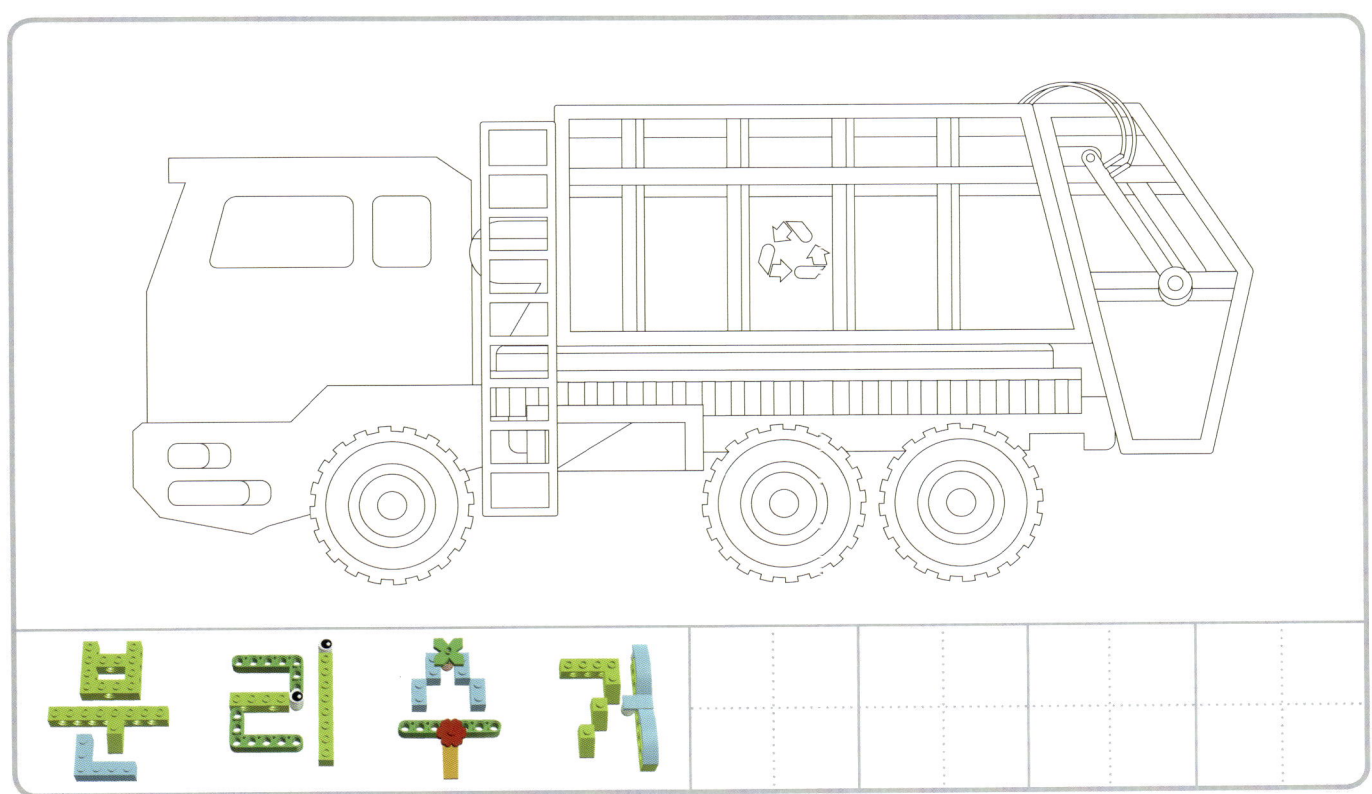

4 분리배출 한 쓰레기는 분리수거 트럭에 실어서 운반돼요. 쓰레기를 손쉽게 하차할 수 있는 분리수거 트럭을 관찰해 보세요.

5 분리수거 트럭을 만들어 보세요.
   ✤ WeDo 2.0 앱 실행 – 모델 라이브러리 – 8a.재활용 트럭

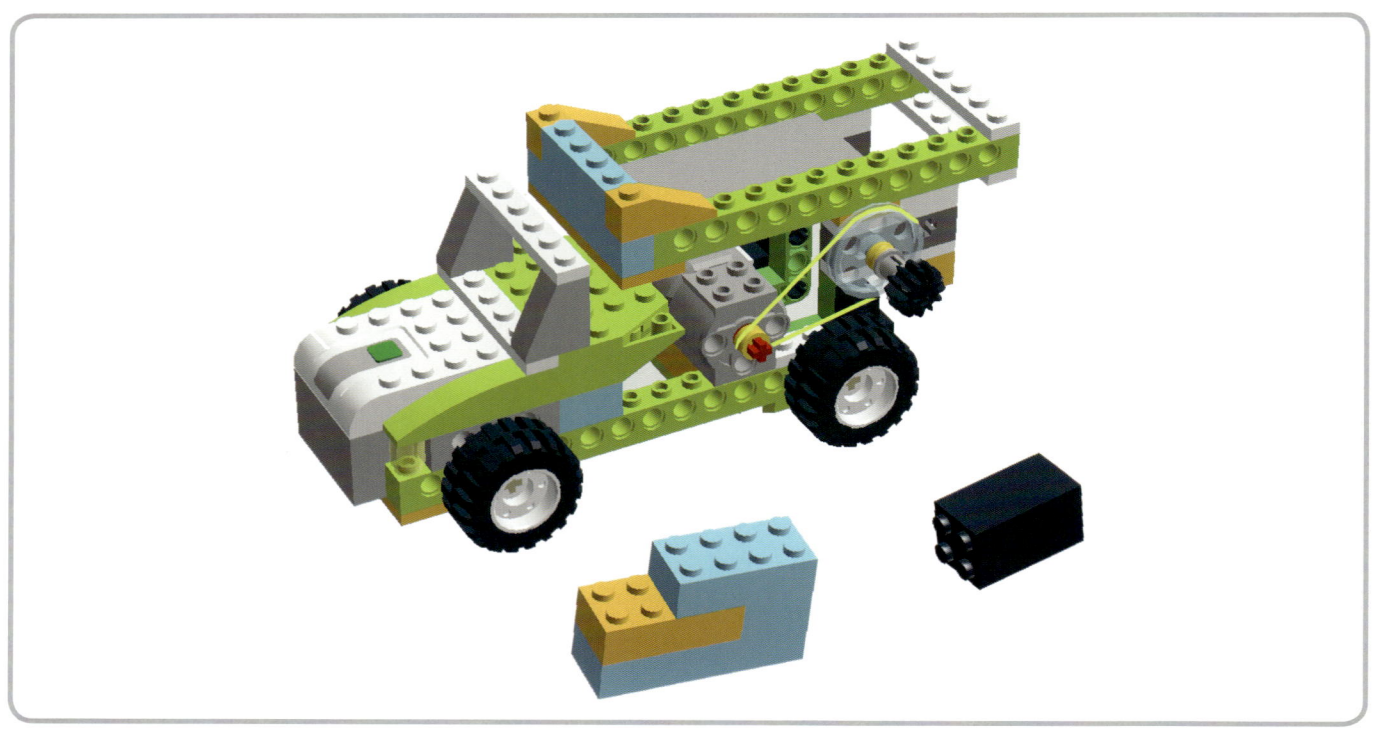

가을5 분리수거를 해요.

6 분리수거 트럭이 쓰레기 적재함을 밑으로 내리려면 어떻게 해야 할까요?
아래와 같이 코딩해 보세요.

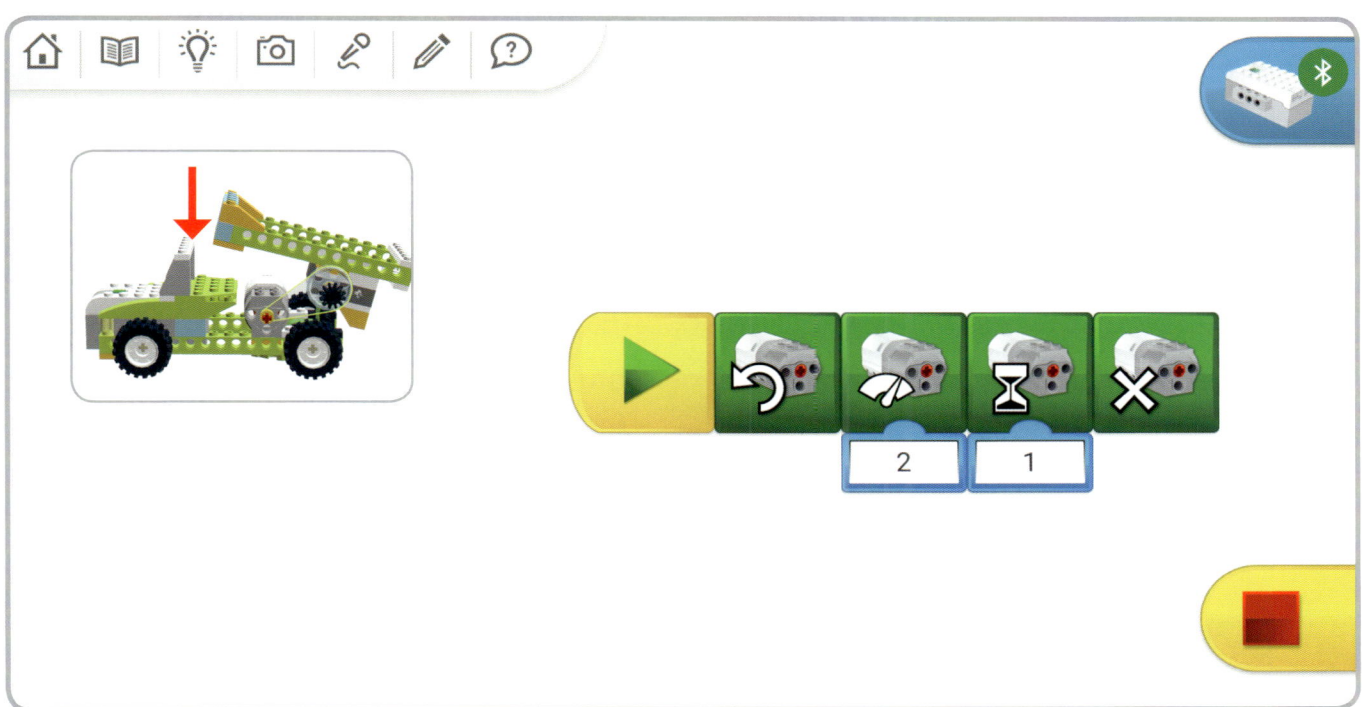

7 분리수거 트럭이 쓰레기 적재함을 위로 올리기 위해서는 어떻게 코딩해야 할까요?
스티커를 붙여 보세요.

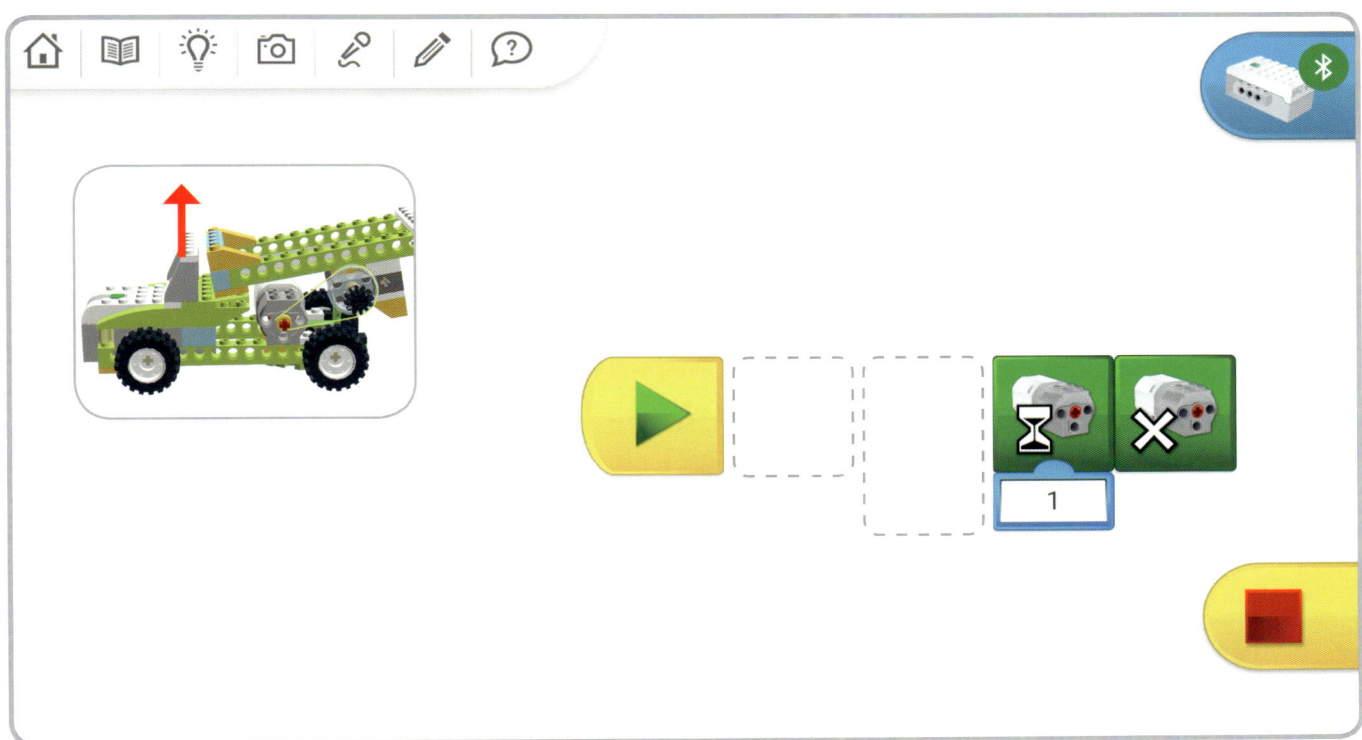

8 위에서 연습한 코딩을 하나로 연결해 보세요.

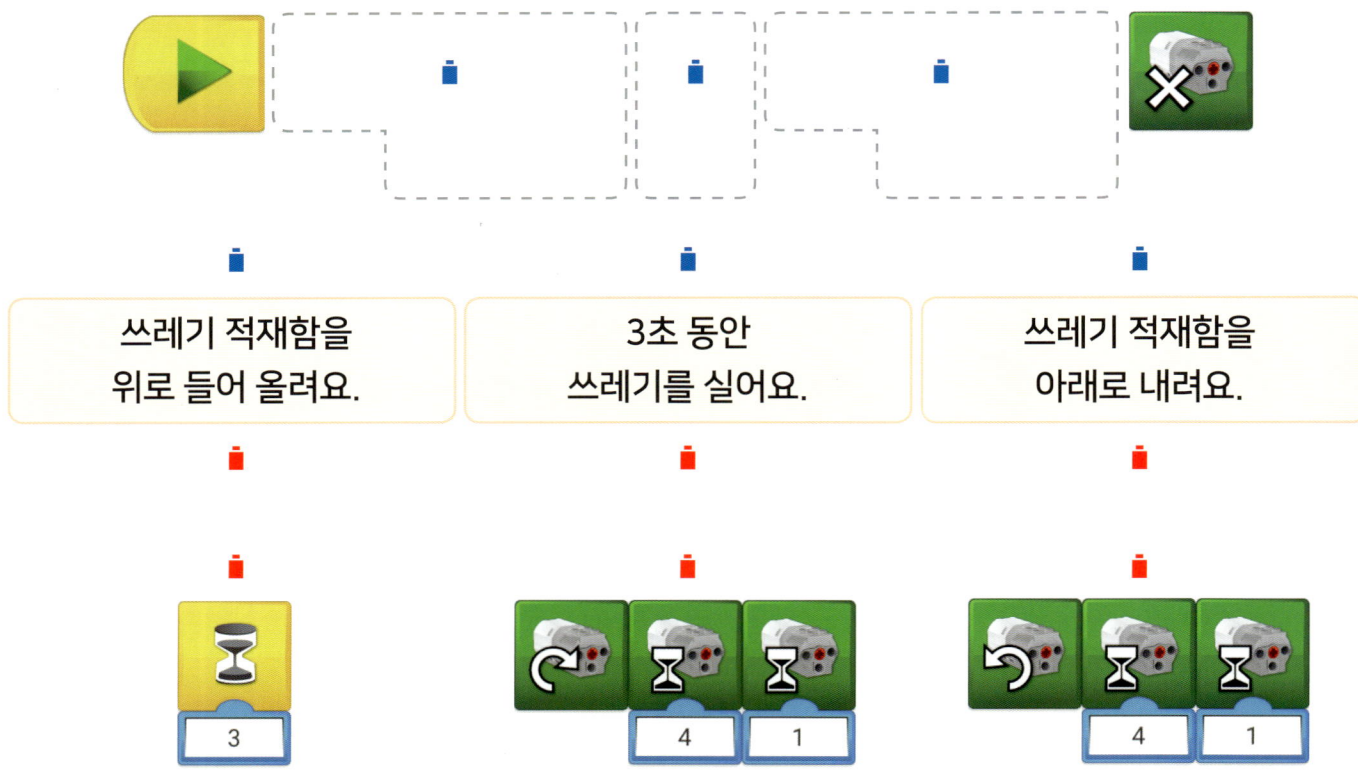

9 기울기 센서로 조종기를 만들어 쓰레기 적재함을 올리거나 내릴 수 있도록 해 보세요. 기울기 센서로 만든 조종기를 분리수거 트럭에 설치해 보세요.

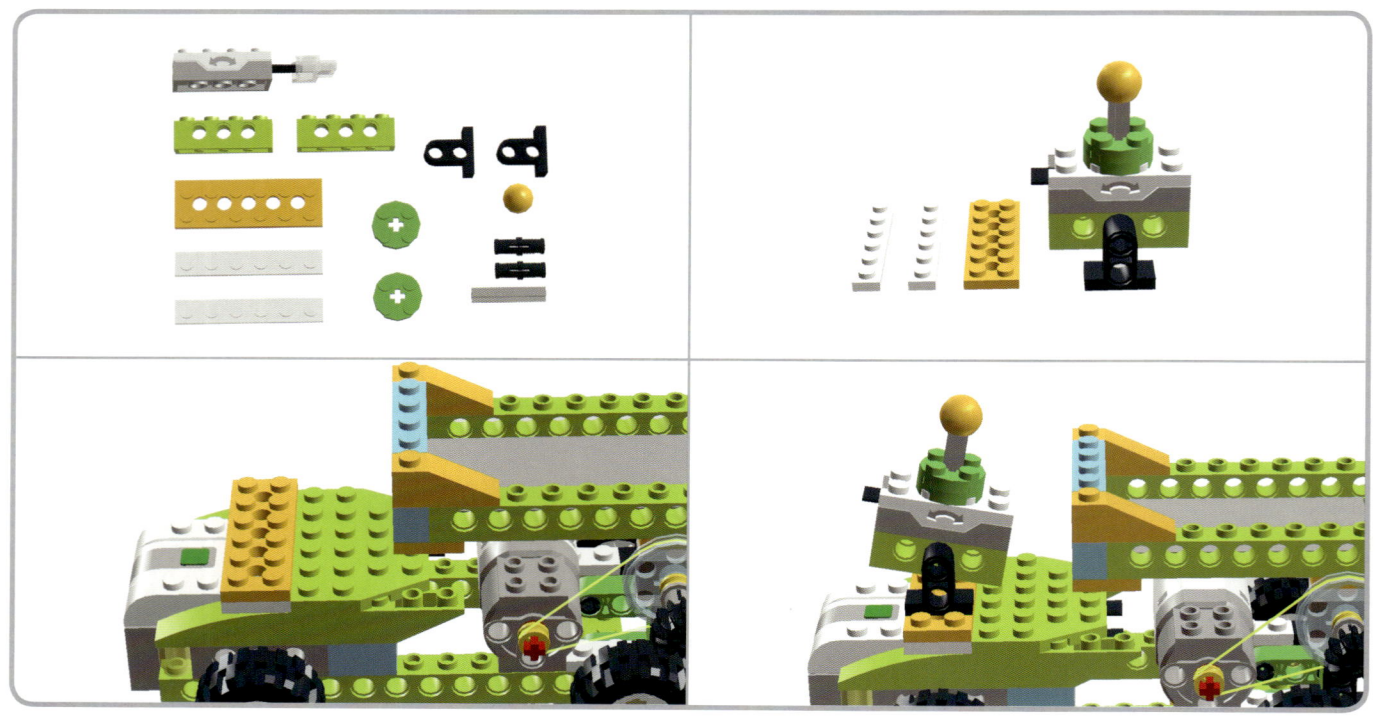

10 조종기를 당기거나 밀어서 쓰레기 적재함을 올리거나 내리려면 어떻게 코딩해야 할까요? 스티커를 붙여 보세요.

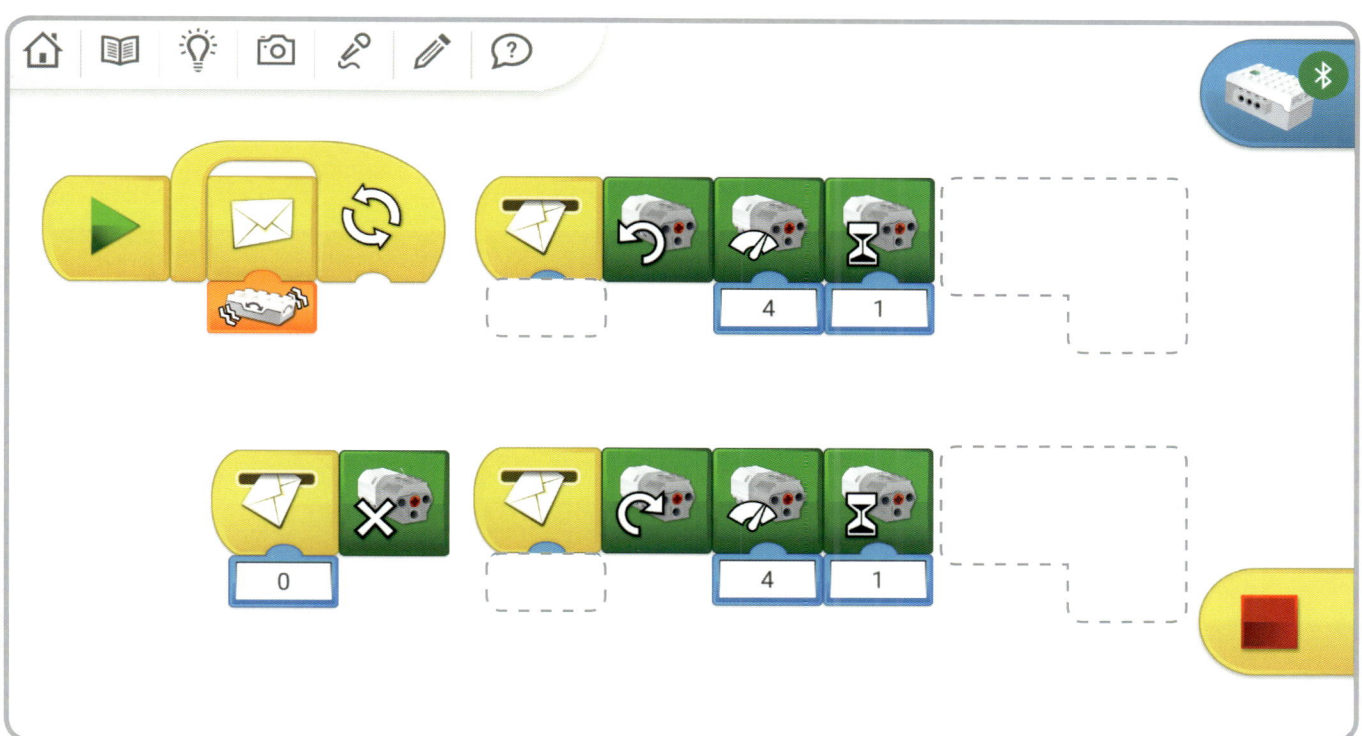

협력 활동

분리수거장을 친구들과 꾸며보고 분리수거 트럭을 활용하여 쓰레기들을 알맞은 장소에 놓아 보세요.

정리하기

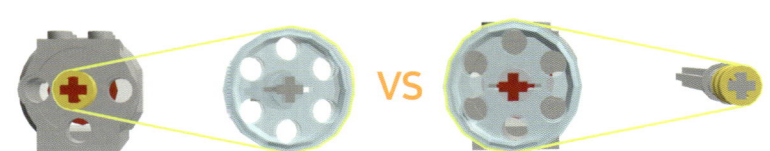

가속 벨트   **감속 벨트**

모터에 연결된 도르래의 크기에 따라 전달되는 속도가 달라져요.

www.handsontech.co.kr

가을6 우리는 메이커

1 조이스틱으로 자동차를 조종해본 경험이 있나요?
친구들과 이야기를 나누어 보세요.

2 이번 프로젝트는 짝과 함께 하는 활동이에요.
짝과 함께 협력하여 만들어 보세요.
* 앞쪽, 뒤쪽, 왼쪽, 오른쪽으로 움직일 수 있는 조이스틱을 만들어 보세요.

✿ 앞쪽, 뒤쪽, 왼쪽, 오른쪽으로 움직일 수 있는 자동차를 만들어 보세요.

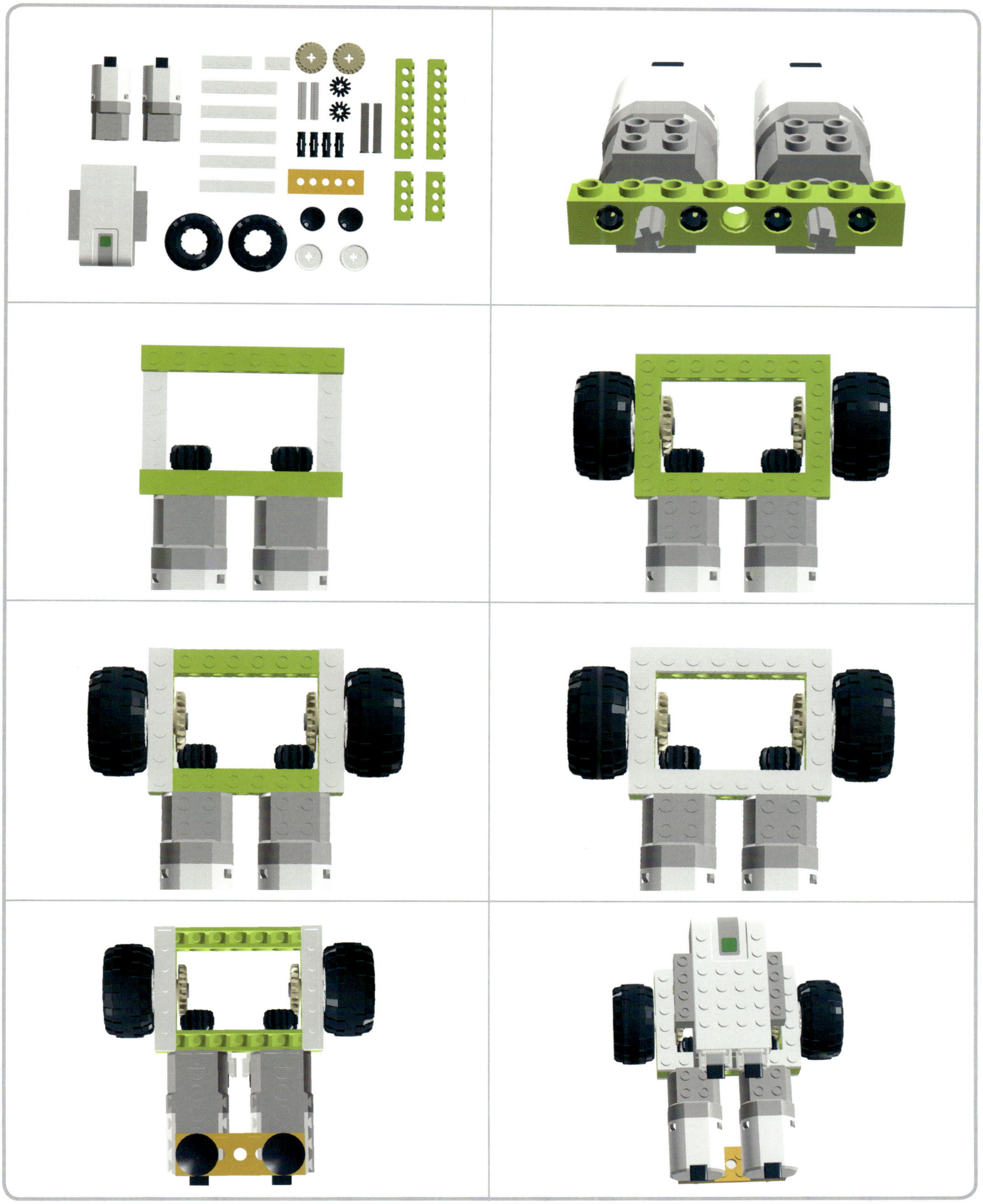

3 위에서 만든 자동차를 짝과 함께 우리만의 아이디어로 디자인하여 꾸며 보세요.

4 위에서 디자인한 자동차를 레고® 브릭으로 만들어 보세요.

예시 작품

5 자동차를 움직이기 위해 모터와 기어의 방향을 어떻게 해야 할지 생각해 보세요.

자동차 방향 (🟨)	🔩 기어 방향 (🟥)　　🪙 기어 방향 (🟦)
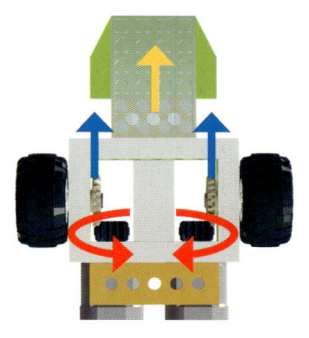	① 🔩 기어는 (안쪽 / 바깥쪽)으로 회전해요. ② 🪙 기어는 (앞으로 / 뒤로) 회전해요. ③ 자동차는 (앞으로 / 뒤로) 가요.
	① 🔩 기어는 (안쪽 / 바깥쪽)으로 회전해요. ② 🪙 기어는 (앞으르 / 뒤로) 회전해요. ③ 자동차는 (앞으로 / 뒤로) 가요.
	① 🔩 기어는 (왼쪽 / 오른쪽)으로 회전해요. ② 왼쪽 바퀴의 🪙 기어는 (앞으로 / 뒤로) 회전해요. ③ 오른쪽 바퀴의 🪙 기어는 (앞으로 / 뒤로) 회전해요. ④ 자동차는 (왼쪽으로 / 오른쪽으로) 회전해요.
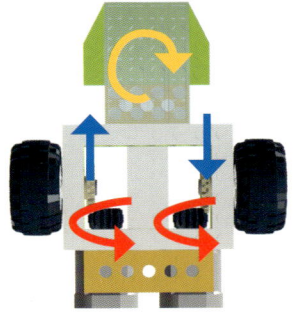	① 🔩 기어는 (왼쪽 / 오른쪽)으로 회전해요. ② 왼쪽 바퀴의 🪙 기어는 (앞으로 / 뒤로) 회전해요. ③ 오른쪽 바퀴의 🪙 기어는 (앞으로 / 뒤로) 회전해요. ④ 자동차는 (왼쪽으로 / 오른쪽으로) 회전해요.

6 조이스틱으로 자동차를 무선 조종하기 위한 코딩을 해 보세요.

조이스틱 코딩

자동차 정지 코딩하기

※모터 블록을 마우스나 손가락으로 누르면 빨간색 동그라미 부분이 나타나요. 격자 부분을 클릭하면 색깔과 칸이 바뀌어요.

자동차 앞으로 가기

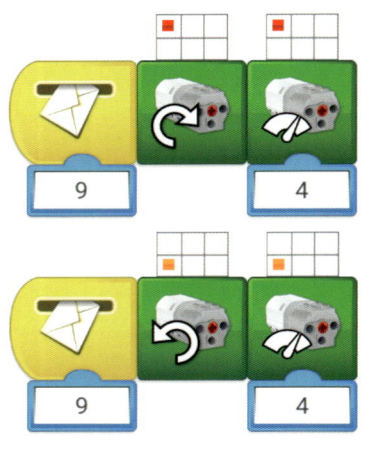

자동차 뒤로 가기

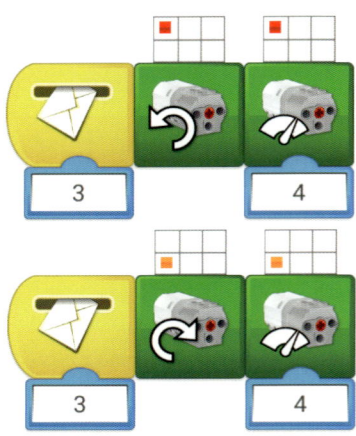

자동차 왼쪽으로 회전하기

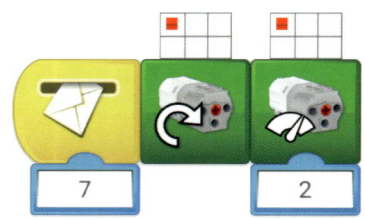

자동차 오른쪽으로 회전하기

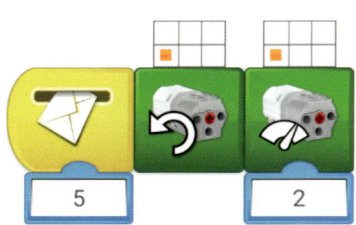

7 두 대의 스마트 허브를 동시에 연결해 보세요.

① 먼저 즈이스틱이 연결된 스마트 허브를 컴퓨터 또는 태블릿과 연결해요.

② 다음으로 자동차가 연결된 스마트 허브를 컴퓨터 또는 태블릿과 연결해요.

8 위에서 디자인한 자동차를 레고® 브릭으로 만들어 보세요.

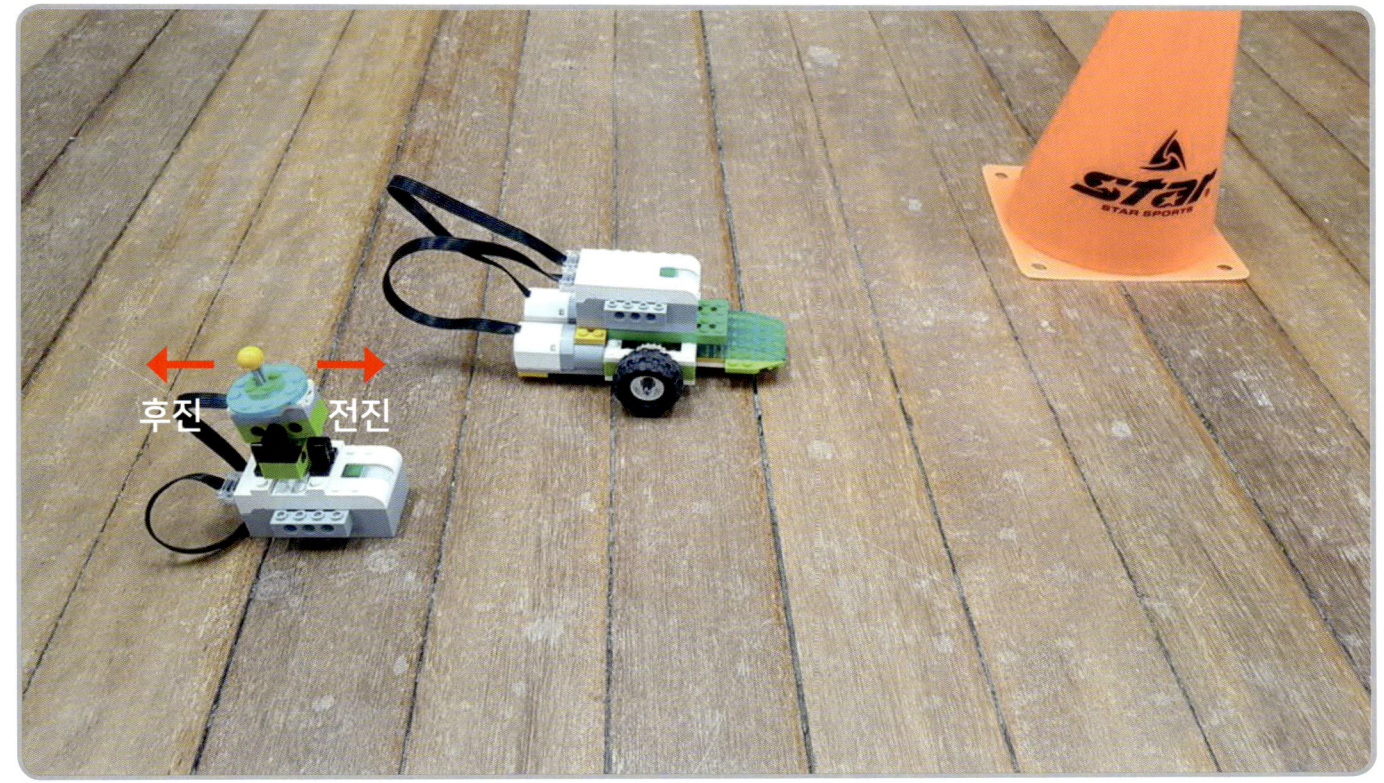

겨울1 눈이 내려요.

1 온 세상이 하얀 눈 나라가 되었어요! 아이들은 즐거운 눈싸움으로 신이 나네요. 하지만 여기저기 움직이지 못하는 차들은 어떻게 해야 할까요?

① 겨울 날씨의 특징을 이야기해 보세요.

② 폭설이 내린 도시의 모습을 상상해보고 이야기해 보세요.

③ 하얗고 예쁜 눈으로 무엇을 할 수 있을까요?

2 폭설로 여기저기에서 눈을 치워주기를 기다리는 사람들이 있어요. 어떻게 해야 할까요?

✿ 내가 할 수 있는 일을 찾아 빈칸에 적어 보세요.

3 여러 가지 눈꽃을 색연필로 예쁘게 색칠해 보세요.

4 많은 눈을 한꺼번에 치울 수 있는 제설기를 관찰하고 만들어 보세요.
  ✿ WeDo 2.0 앱 실행 – 모델 라이브러리 – 12b.제설기

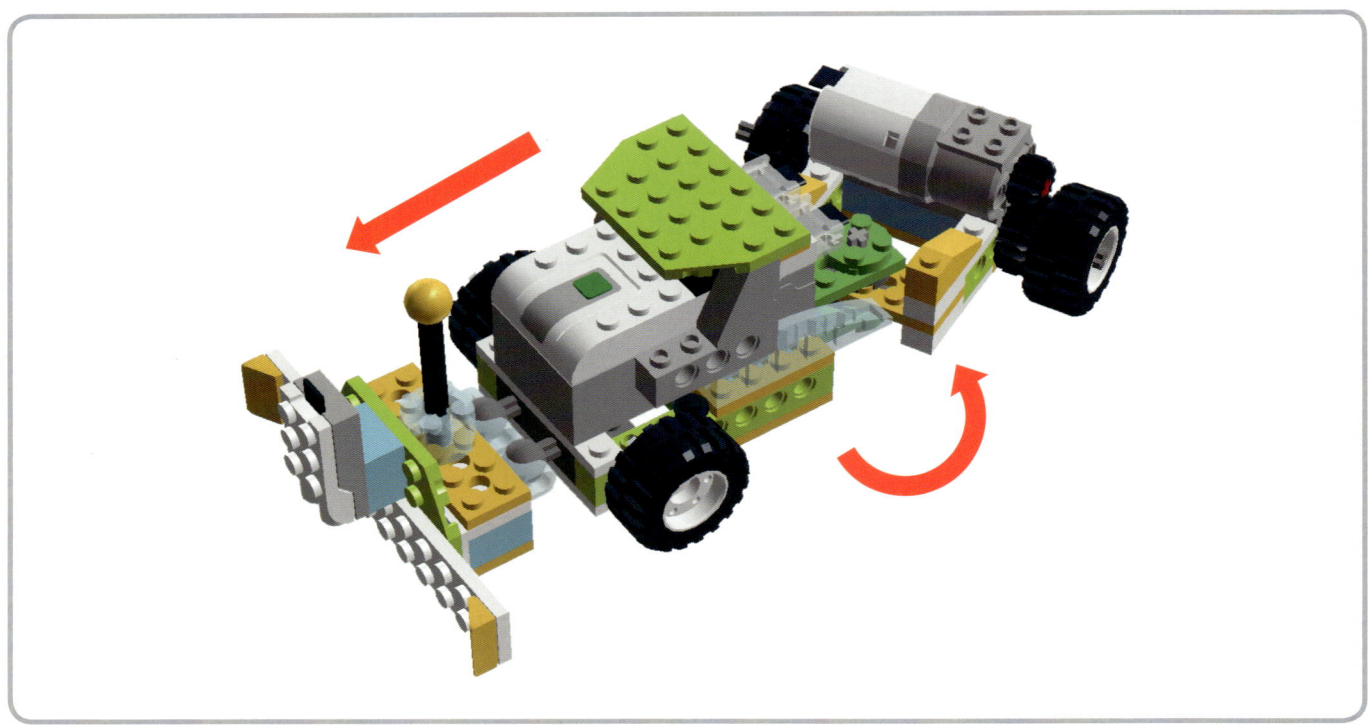

5 눈을 앞으로 밀어 치워주는 제설기를 움직여 볼까요? 아래와 같이 코딩해 보세요.

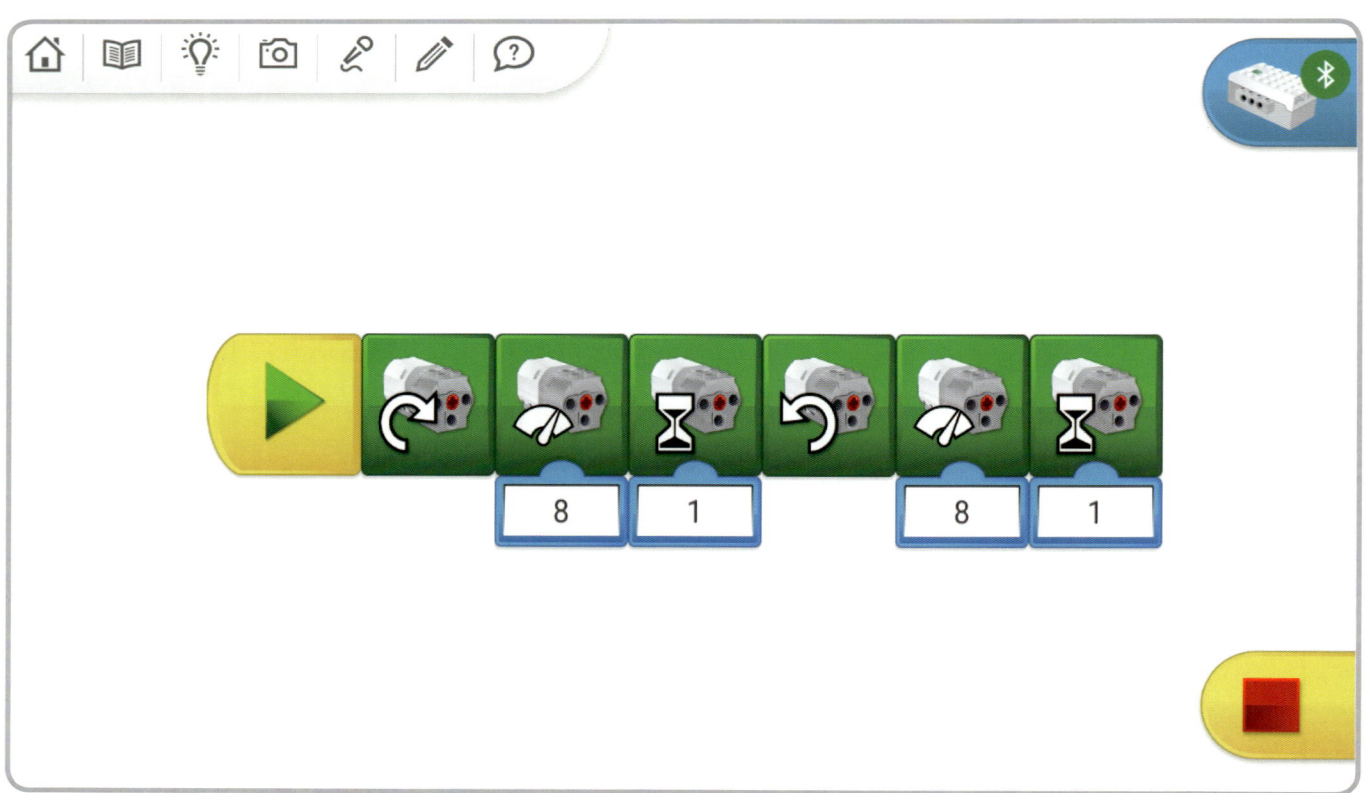

겨울1 눈이 내려요.

6 내가 만든 제설기 로봇이 모터 방향에 따라 어떻게 움직이는지 화살표로 찾아 연결해 보세요.

■ 앞으로 갈 때는 직진

■ 뒤로 갈 때는 곡선으로 움직여요.

7 쌓인 눈을 인식하면 움직이는 제설기가 다르게 움직이네요.
아래의 프로그램을 따라 작동한 후 다른 점을 이야기해 보세요.

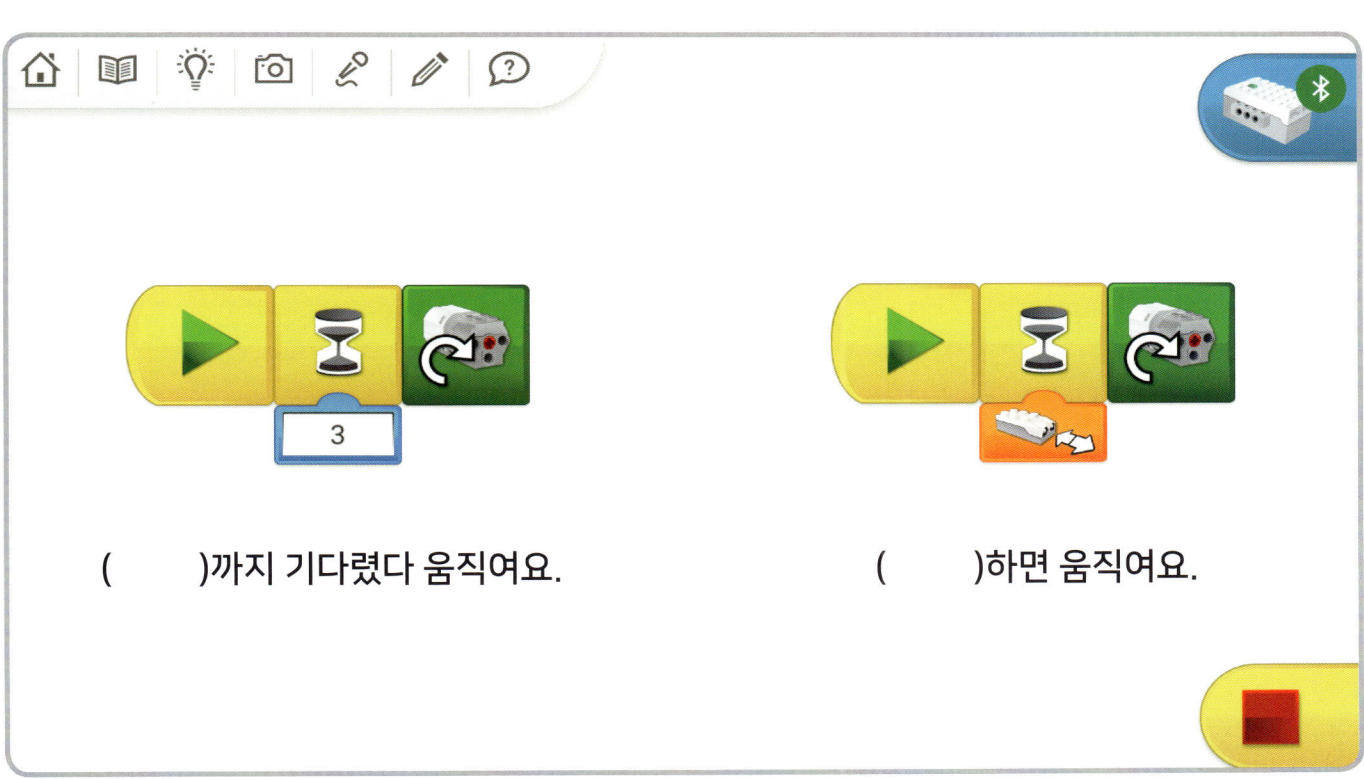

(　　)까지 기다렸다 움직여요.　　　　(　　)하면 움직여요.

8 동작센서는 사물에 따라 다른 값을 나타내요.
그 값을 테스트해 보세요.

✿ 쿠킹호일 / 천 / 모래 / 가죽

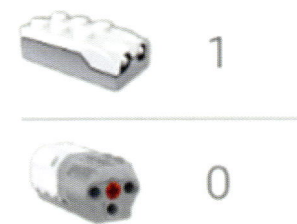

✿ 블록의 색에 따라서도 다른 값이 나와요. 여러 가지 블록의 값을 거리에 따라 읽어 보세요. (WeDo 2.0 소프트웨어 화면 오른쪽 아래에 센서 값이 나와요.)

거리	쿠킹호일	천	모래	가죽
2cm				
4cm				
6cm				
8cm				
10cm				

겨울1 눈이 내려요.

9 아래처럼 코딩해보고 레버를 움직이면 어떻게 작동하는지 살펴보세요.

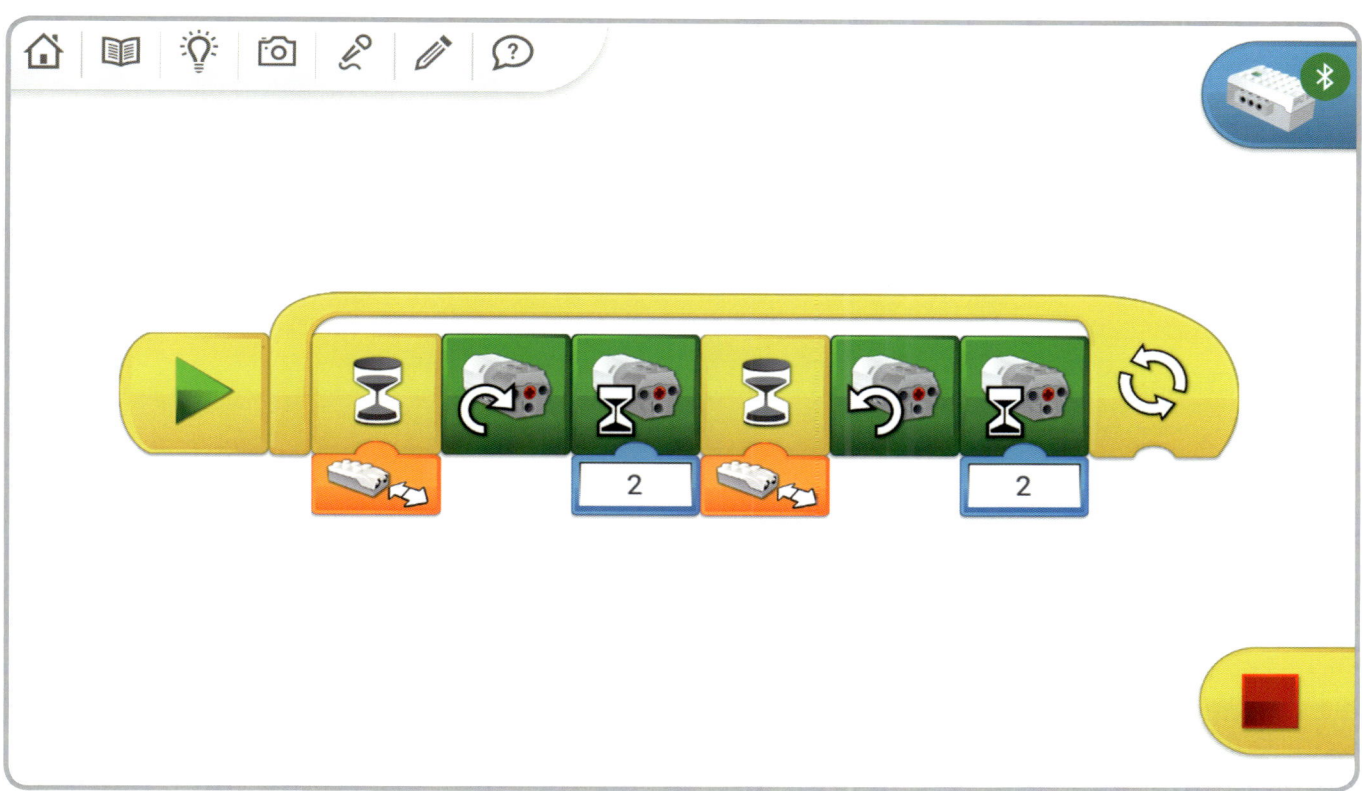

* 레버를 처음 움직이면?

* 레버를 다시 움직이면?

정리하기

동작 센서는 감지 범위 내에 있는 특정 물체로부터의 거리 변화를 세 가지 방식으로 감지해요

거리 가까워짐   **거리 멀어짐**   **모든 거리 변화**

감지하고자 하는 자세에 맞춰 올바른 아이콘을 프로그램에 사용해야 해요.

겨울2 겨울잠을 자요.

1 꽁꽁 언 겨울 땅속에는 누가 있을까요?

① 겨울잠을 자는 동물을 말해 보세요.

② 겨울잠을 자는 동물의 모습을 몸으로 표현해 보세요.

③ 내가 만약 겨울잠을 자려면 어떤 준비를 해야 할까요? 필요한 것을 그려 보세요.

2 겨울잠을 자는 뱀들에게 레고® 브릭 이름표를 만들어 주세요.

3 겨울잠을 자는 뱀을 상상해 보고 레고® 브릭으로 꿈틀꿈틀 움직이는 뱀을 만들어 보세요.

✽ WeDo 2.0 앱 실행 – 모델 라이브러리 – 9b.뱀

4 뱀의 입을 움직여 볼까요? 아래와 같이 코딩해 보세요.

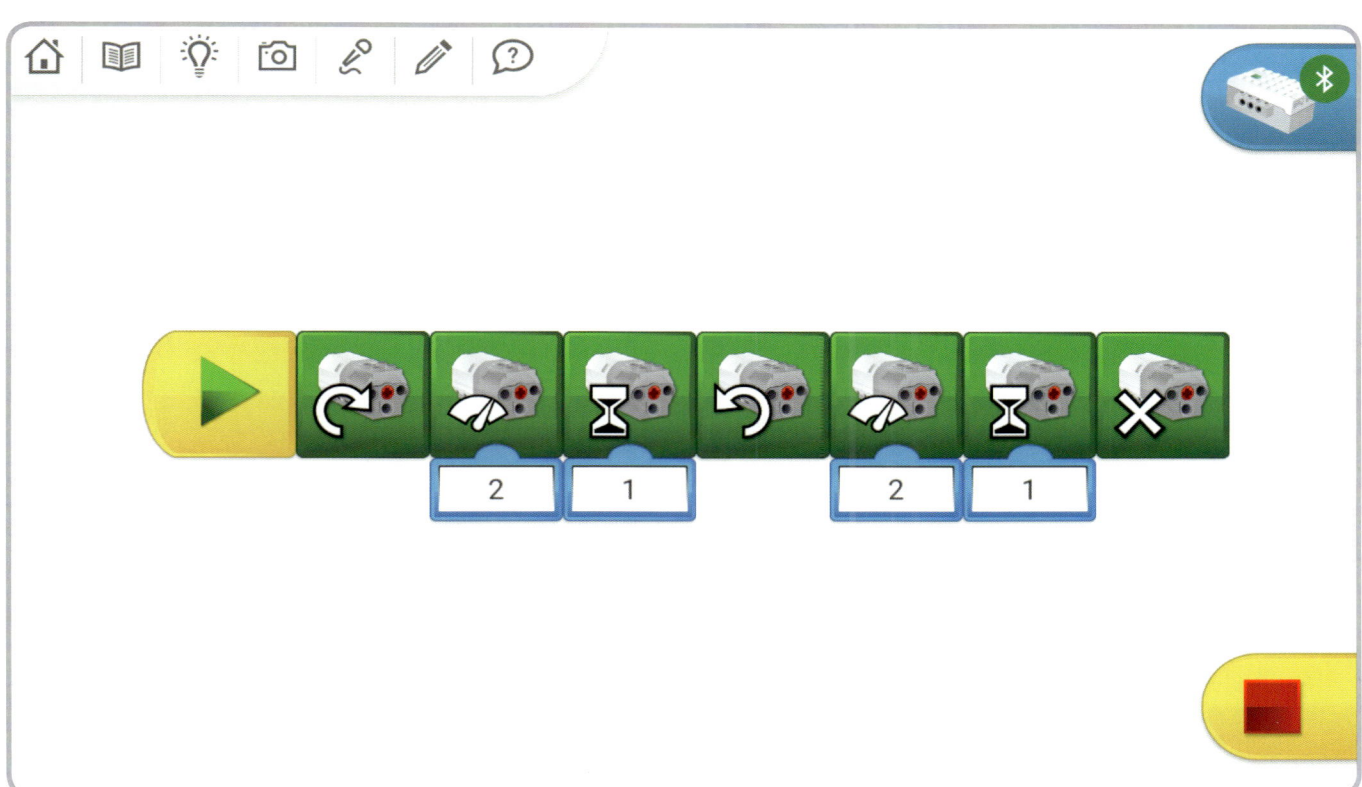

5 뱀의 입이 잡는 힘이 커지게 하려면 모터가 도는 것보다 입이 적게 움직이고 힘은 세어야 해요. 어떻게 해야 할까요? 올바른 것에 동그라미를 그려 보세요.

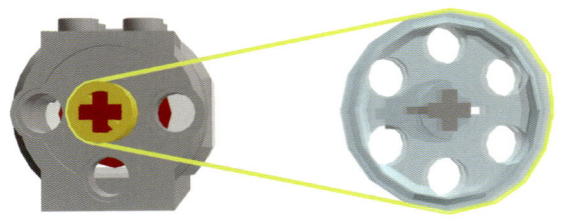

큰 도르래를 돌리면 작은 도르래는 (빠르게, 느리게) 돌아요.

작은 도르래를 돌리면 큰 도르래는 (빠르게, 느리게) 돌아요.

큰 도르래를 돌리면 작은 도르래는 힘이 (세져요, 약해져요).

작은 도르래를 돌리면 큰 도르래는 힘이 (세져요, 약해져요).

6 깊은 겨울잠에 빠진 뱀의 몸의 색깔을 바꿔 보세요. (스마트 허브 색깔 바꾸기)

❋ 무작위 입력 블록을 사용하여 색을 바꿔 보세요.

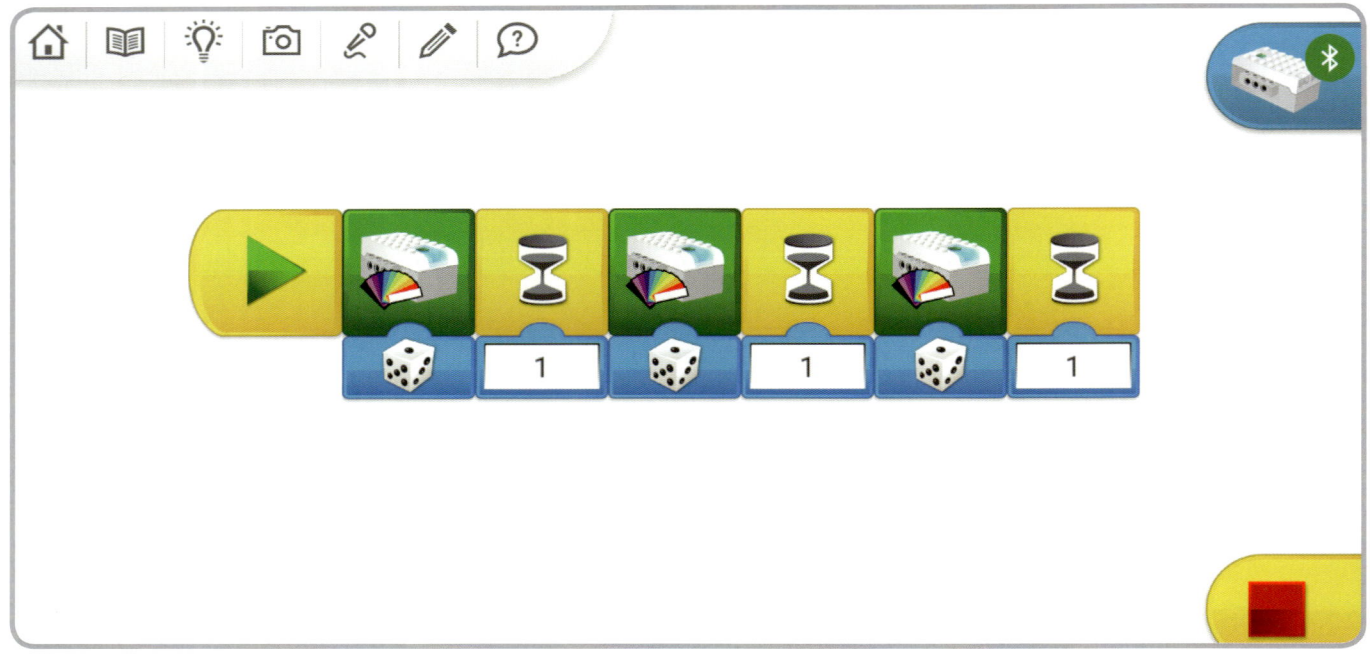

❋ 내가 좋아하는 색깔로 바뀌게 해 보세요.

겨울2 겨울잠을 자요.

7 겨울잠을 자는 뱀에게 봄을 알려주는 알람 시계를 만들어 보세요.
* 10초 후 봄이 왔다고 뱀에게 알려주세요.

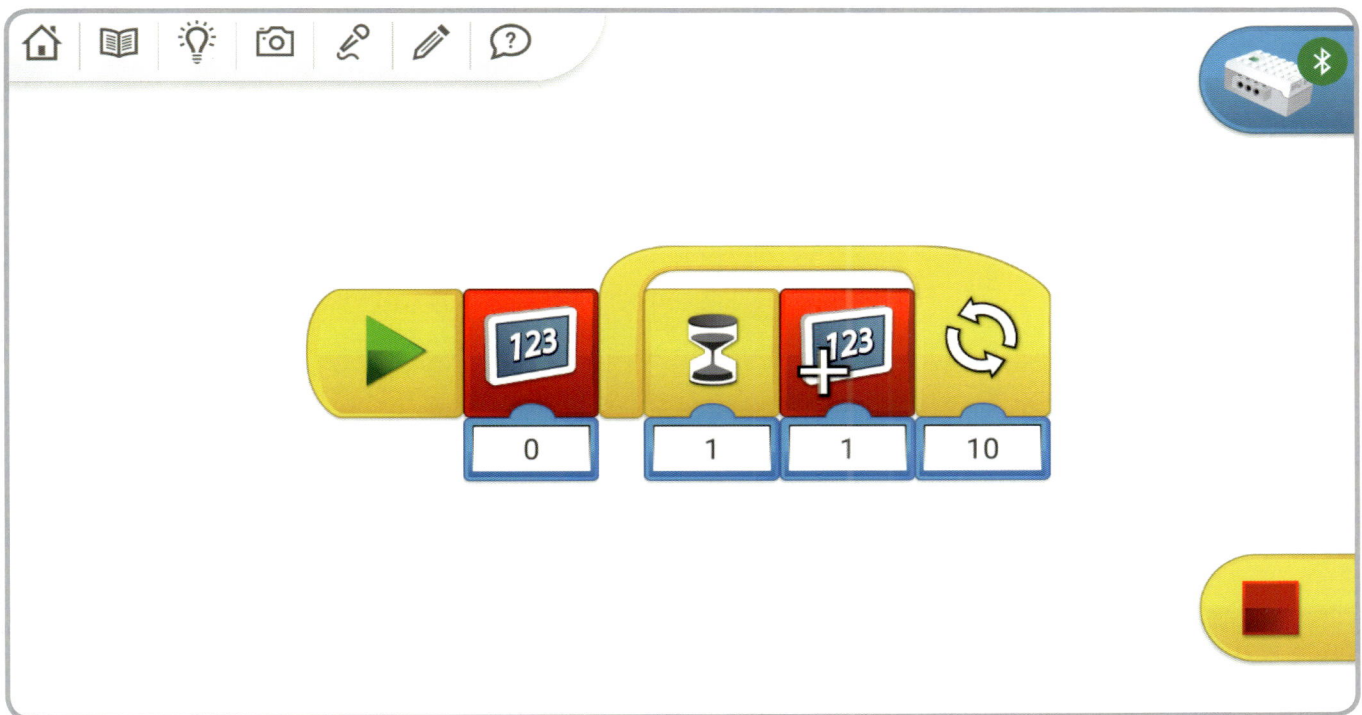

8 겨울잠에 빠진 뱀을 보호하기 위해 누군가가 다가오면 빨간 불빛과 경고음을 내는 프로그램을 만들고 싶어요. 아래와 같이 코딩해 보세요.

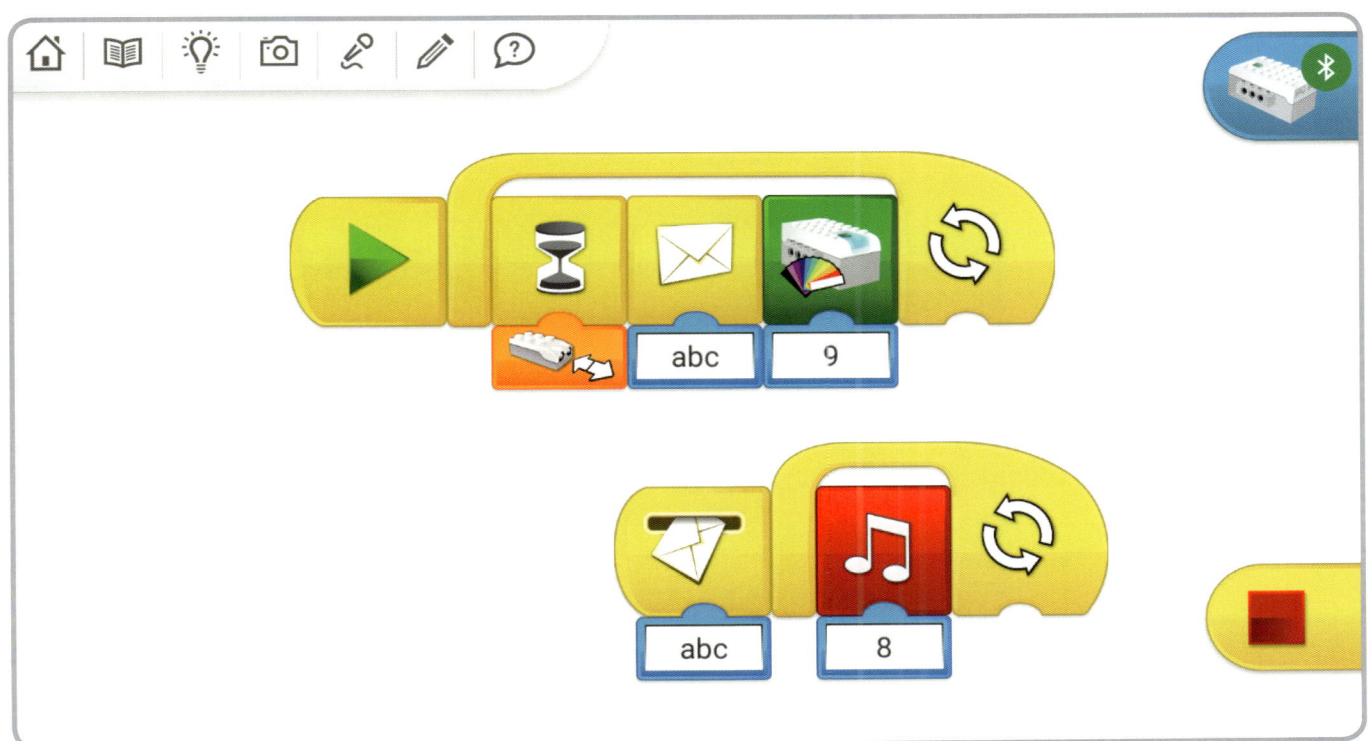

9 겨울잠에서 깬 뱀은 배가 고파요. 먹이가 앞에 있으면 입을 벌려 먹을 수 있도록 코딩해 보세요.

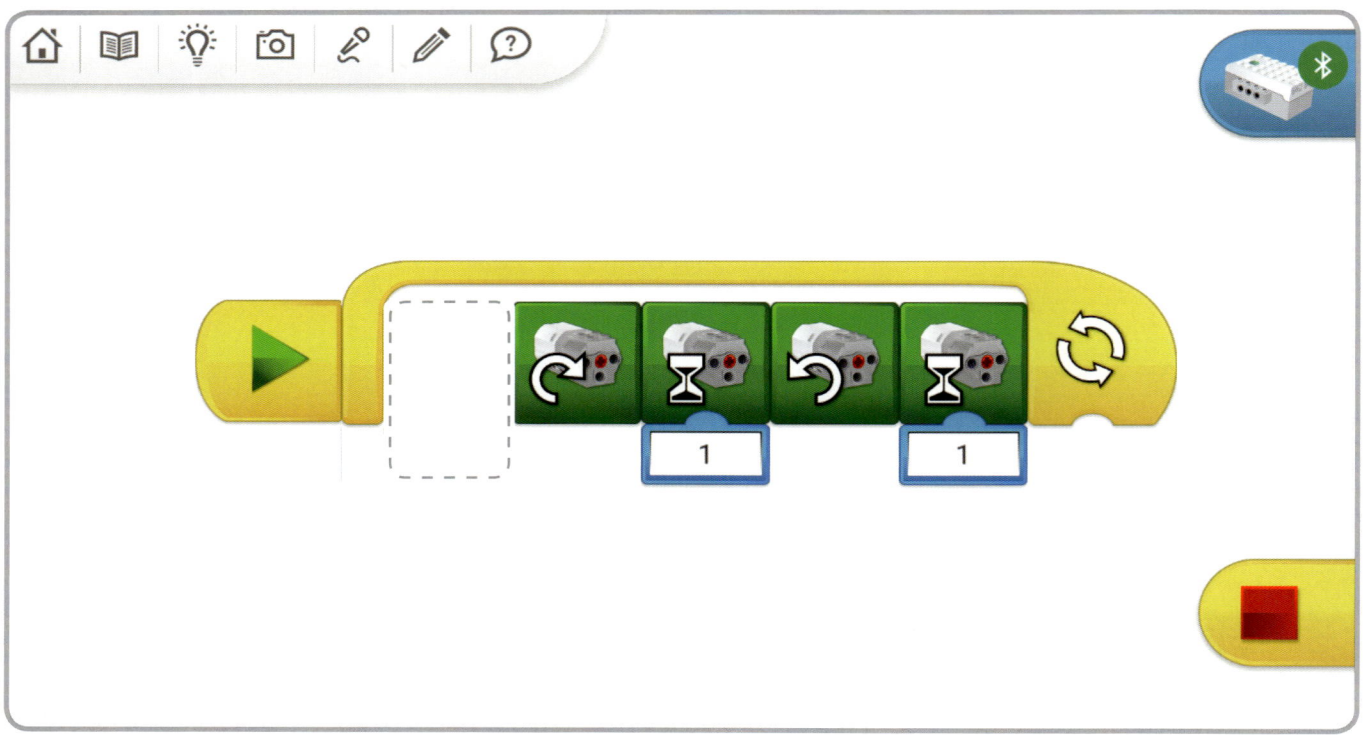

10 배고픈 뱀이 허겁지겁 먹이를 먹네요. 먹이를 발견하면 입을 벌리고 먹이가 사라지면 입을 닫도록 코딩해 보세요.

11 겨울잠을 자는 나만의 뱀을 디자인하고 구성해 움직여 보세요.

✸ 다음 블록 프로그램을 이용해 보세요. 뱀을 바로 놓으면 멈추게 할 수 있어요.

✸ 여러 가지 센서를 이용해서 뱀의 움직임을 만들어 보세요.
 (물체가 가까워지면, 흔들리면, 소리가 나면, 등등)

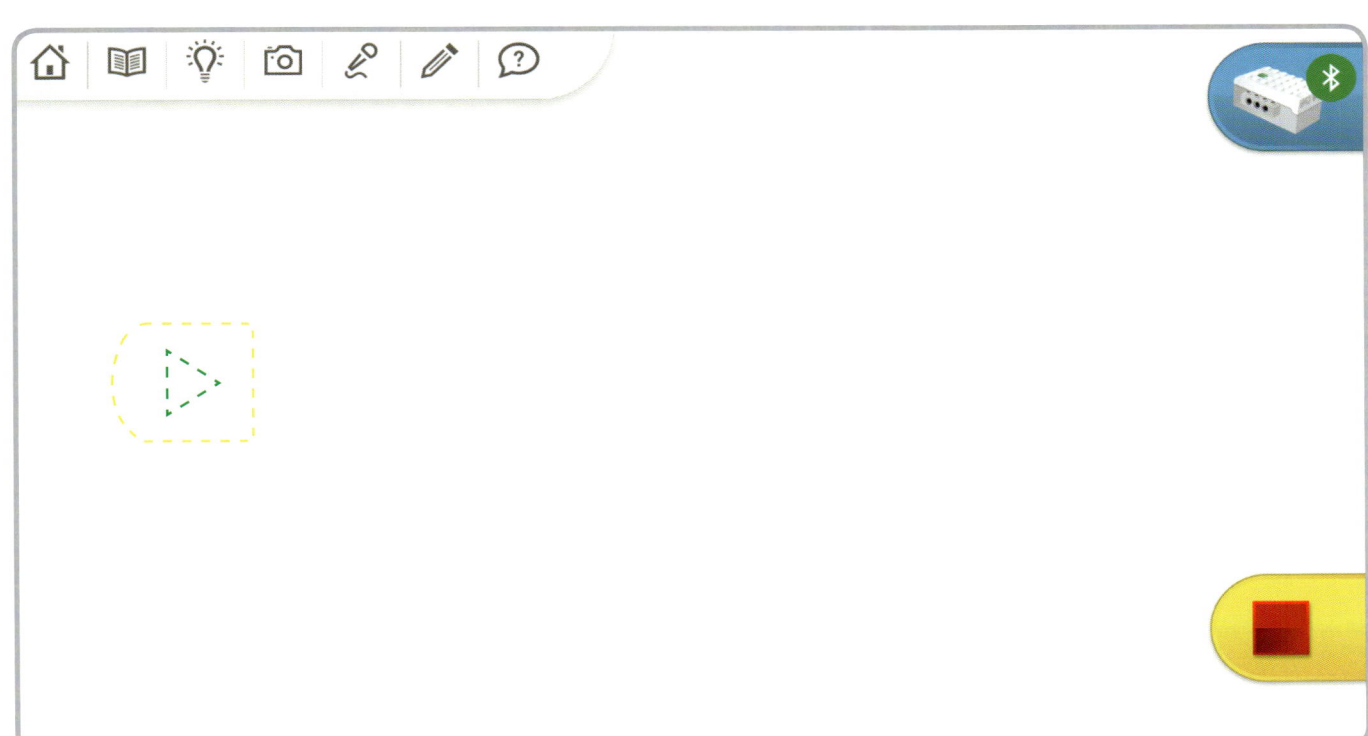

겨울3 겨울 놀이

1 신나는 겨울 눈과 얼음 속에서 어떤 놀이를 할 수 있을까요?

① 몸짓으로 겨울 놀이 맞추기 시합을 해 보세요.

② 몸짓으로 겨울 놀이를 나타내고 친구들끼리 어떤 놀이인지 말해 보세요.

2 겨울철 안전한 눈썰매 놀이를 해볼까요? 겨울 놀이 색칠을 하고 이름을 적어 보세요.

3 눈썰매는 어떻게 움직일까요? 다양한 눈썰매를 관찰하고 빈칸에 디자인해 보세요.
 ✷ WeDo 2.0 앱 실행 – 모델 라이브러리 – 1b.돌고래

4 재미있는 눈썰매를 안전하게 타기 위해 동작 센서를 어디에 구성하면 좋을까요? 돌고래 썰매 입 대신 동작 센서를 달아 보세요.

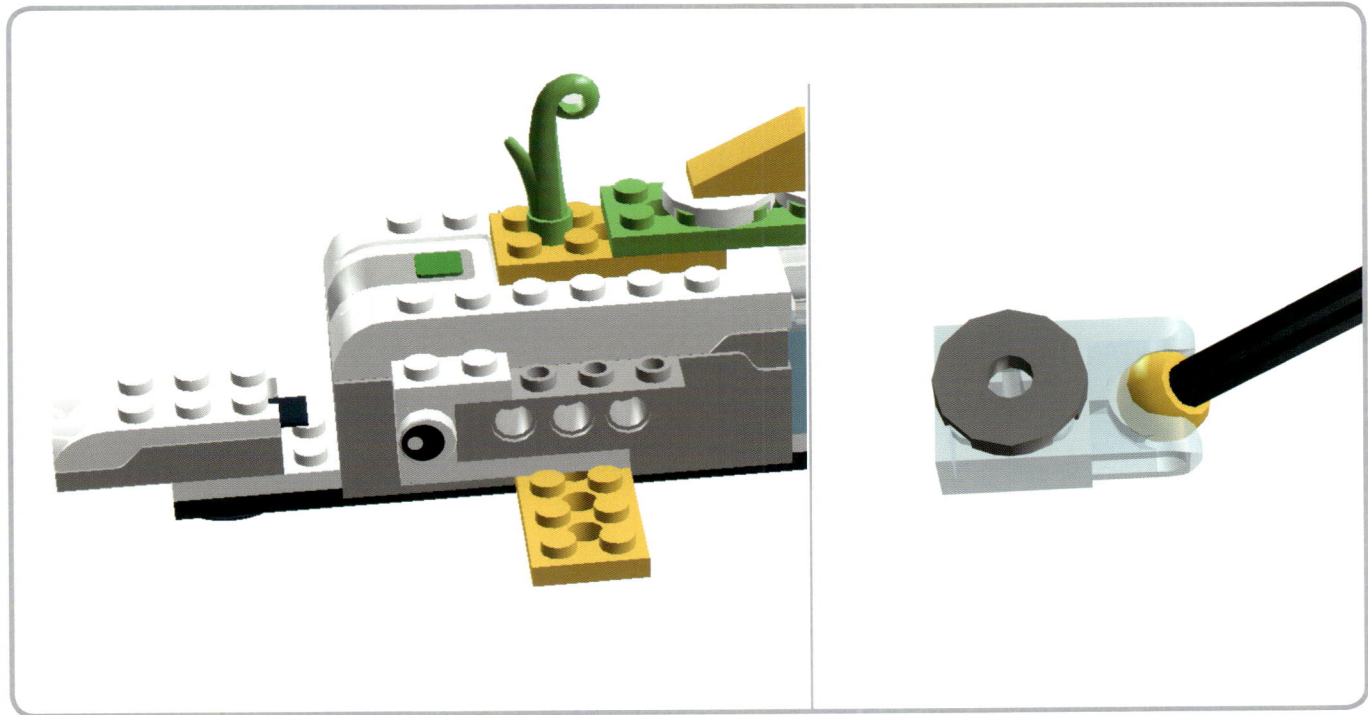

5 돌고래 썰매가 움직이도록 코딩해 보세요.

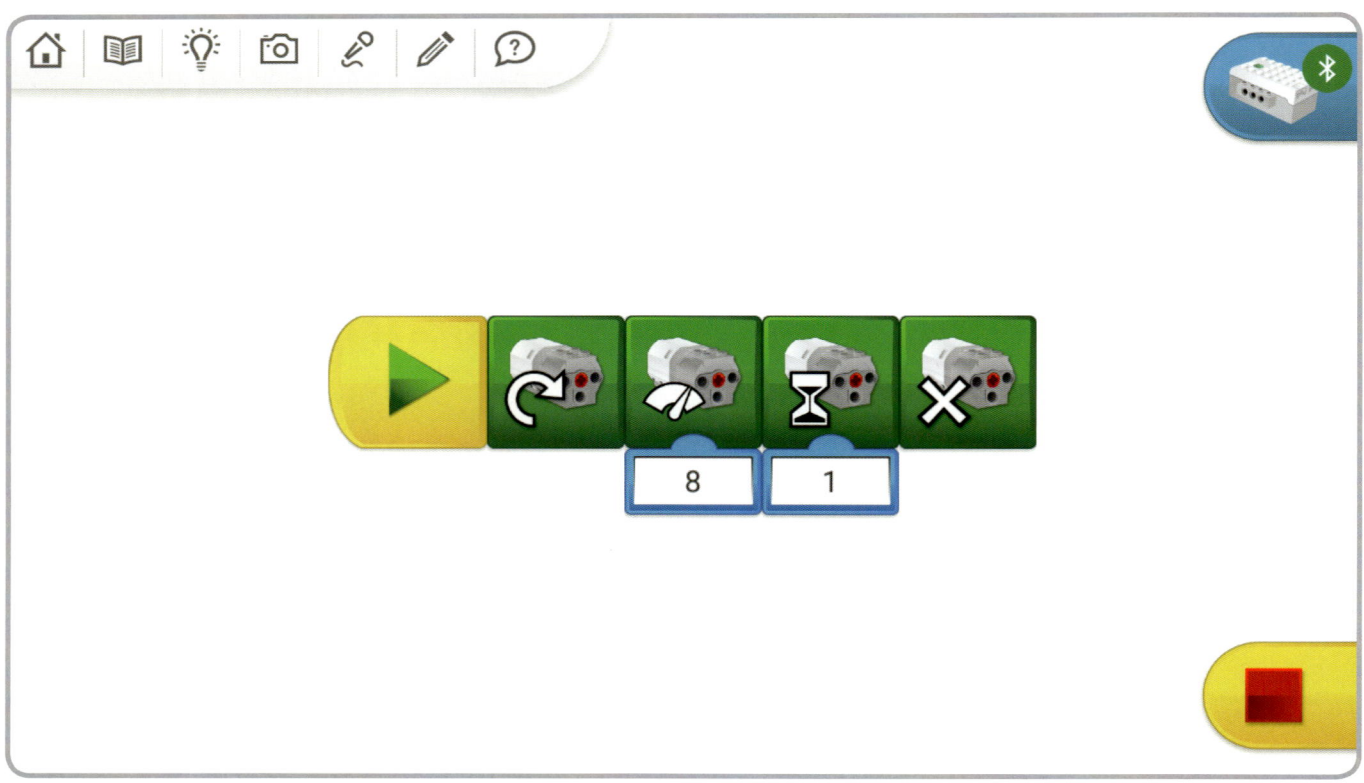

6 돌고래 썰매가 신나게 앞으로 씽씽 달려가네요. 앞의 친구와 충돌하지 않도록 썰매를 멈추려면 어떻게 코딩을 해야 할까요? 스티커를 붙여 보세요.

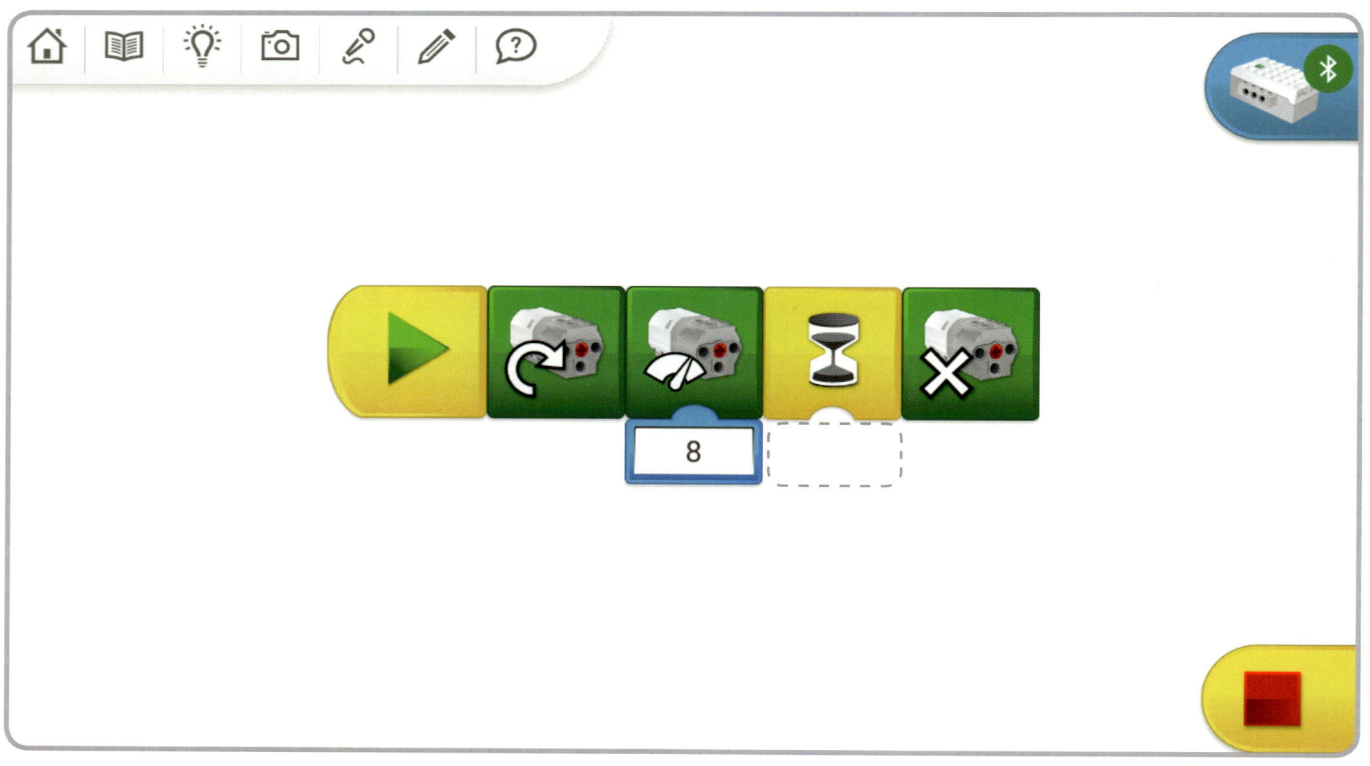

7 친구들과 함께 눈썰매 시합을 해볼까요? 3초 카운트다운을 아래와 같이 코딩해 보세요.

8 3초 카운트다운 후 출발하는 눈썰매 프로그램을 코딩해 보세요.

8 똑똑한 돌고래 썰매는 달리는 동안 앞에 장애물이 없으면 빨리 달리고 장애물이 있으면 속도가 줄어들어요. 동작 센서의 값으로 모터의 세기를 조절해 보세요.

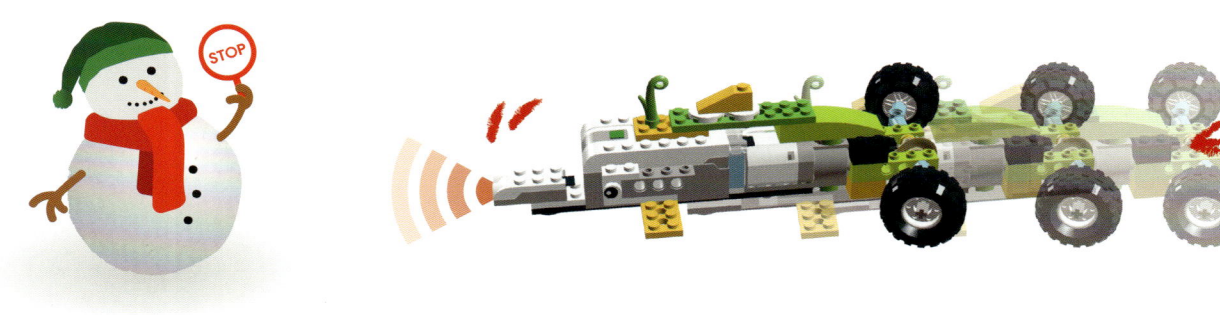

✿ 3초 카운트다운 후 조종 장치 거리를 감지하고 감지한 시간만큼 움직이는 전체 프로그램이에요.

9 센서 값으로 모터의 세기를 조절하고 싶어요. 처음 출발할 때 감지한 값으로 모터의 세기를 조절해 보세요.

감지 값으로 모터 세기 설정 → 2초동안 계속

감지 값을 화면에 나온 수에 3번 더하기(반복)

=> 화면에 나온 시간 만큼 모터 움직이고 멈추기

=> 화면 닫기

✵ 변하는 동작 센서의 값으로 썰매의 파워를 바꿔 보세요.

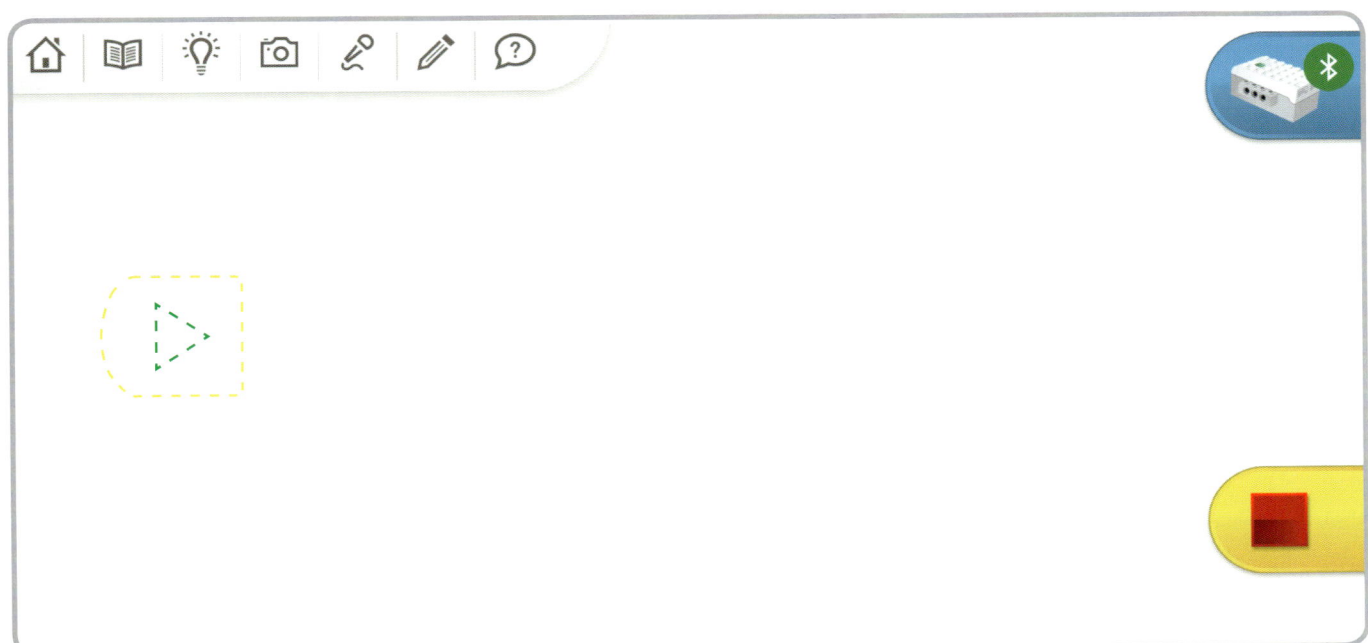

겨울4 메리 크리스마스

1 12월 25일 크리스마스는 어떤 날일까요?

① 산타 할아버지에게 받고 싶은 선물을 말해 보세요.

② 산타 할아버지에게 선물을 받을 수 있는지 올해 동안 내가 한 착한 일을 친구들 앞에서 발표해 보세요.

2 선물을 배달해주는 루돌프 이름표를 레고® 브릭으로 만들고 색칠해 보세요.

3 즐거운 선물을 배달해 주는 루돌프 로봇은 어떻게 생겼을까요?
나만의 루돌프 로봇을 만들어 빈칸에 디자인해 보세요.

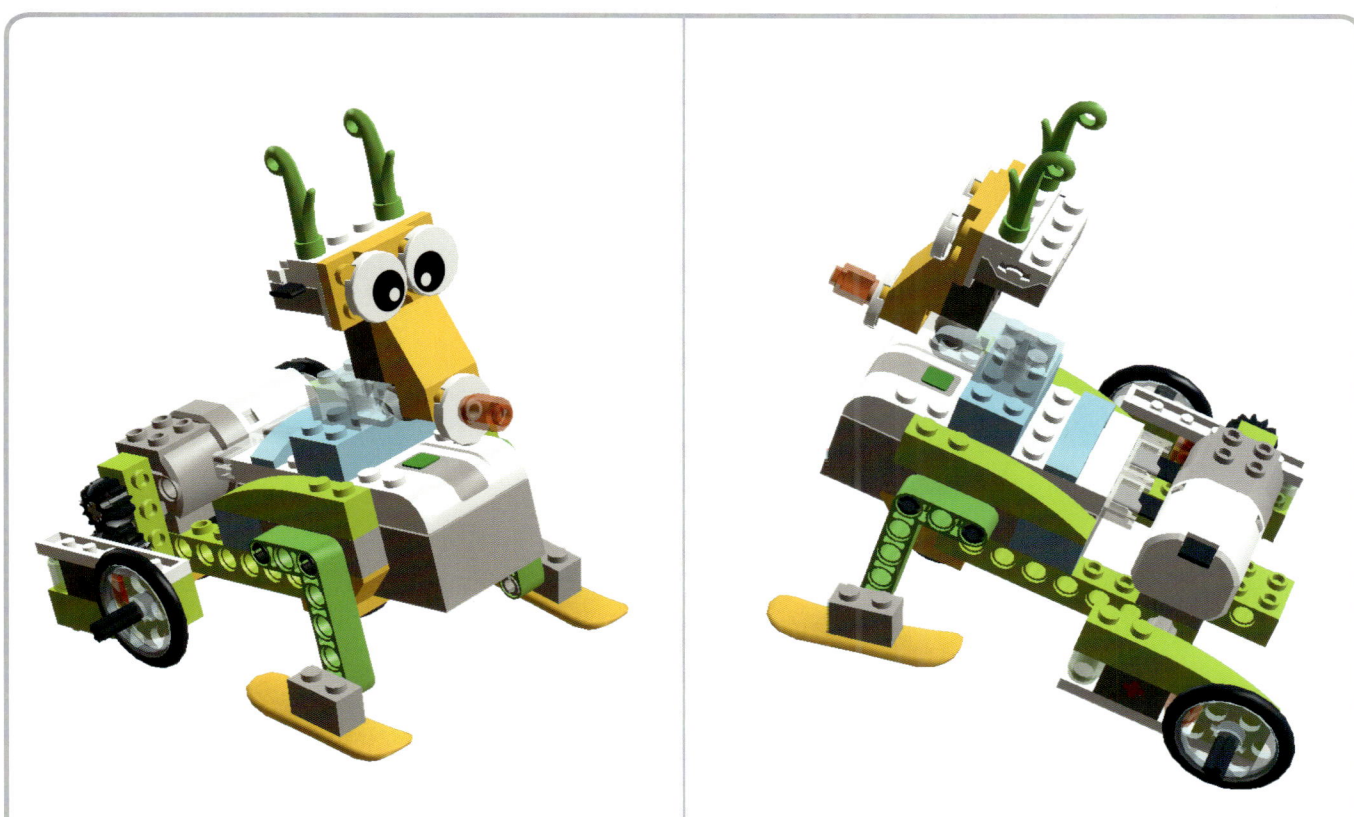

4 나만의 루돌프는 어떻게 움직일까요?
  ✲ 집집마다 선물을 배달해주는 루돌프가 착한 친구 집 앞에 멈출 수 있도록 코딩해 보세요.

5 누가 누가 빠를까요? 루돌프 등에 선물을 싣고 착한 친구 집에 선물을 배달해 보세요.
  ✲ 친구들과 함께 경주해 보세요.

출발선

겨울4 메리 크리스마스

6 "선물 왔어요"라는 신호음을 주고 몰래 가는 루돌프를 코딩해 보세요.

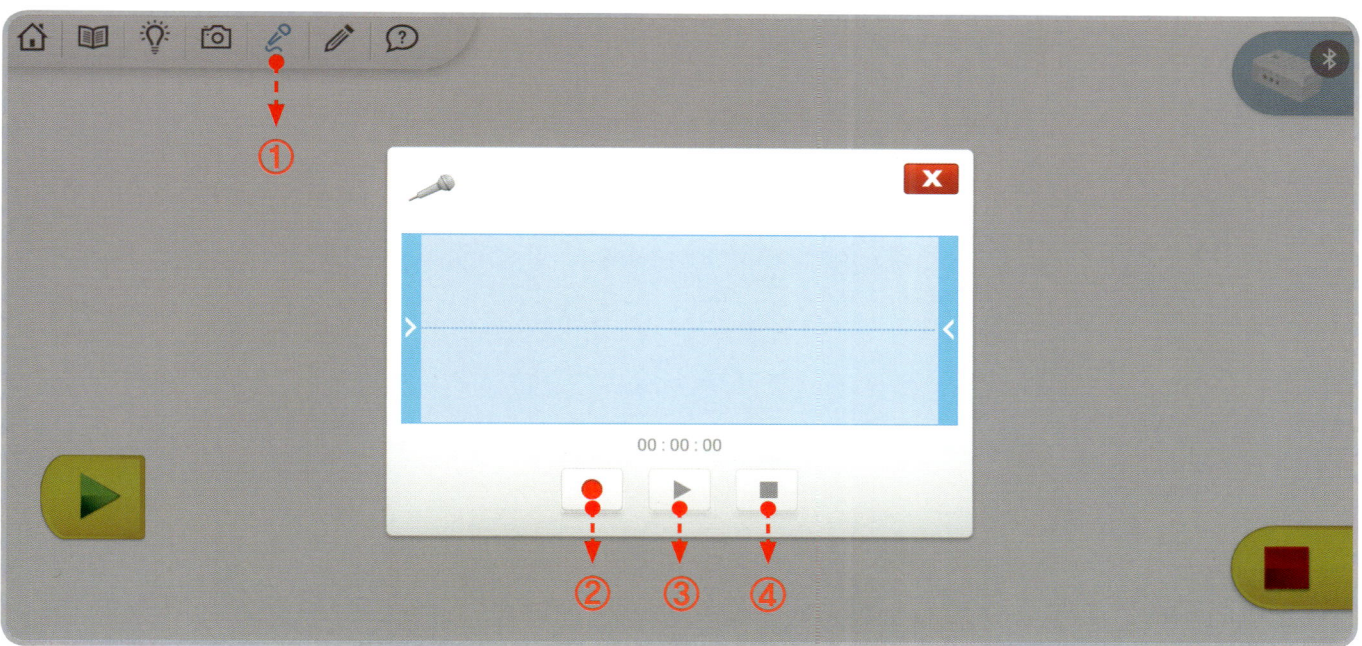

① 마이크 아이콘을 누르면 창이 열려요.
② 녹음 아이콘을 누르면 녹음이 시작돼요.
③ 재생 아이콘을 누르면 녹음된 소리가 재생돼요.
④ 중지 아이콘을 누르면 녹음이 멈춰요.
☼ 마지막으로 녹음된 사운드가 사운드 블록에 입력 "0"으로 저장돼요.

7 루돌프 머리 기울기에 따라 센서 값을 읽어 보세요.

기울임	없음	아래	위로	이쪽	저쪽
아이콘					
숫자					

8 메시지 블록을 알아보세요.

프로그램을 시작하면 메시지 보내기

✿ 모터 제어해보기

모터 정지   뒤로 가기   앞으로 가기

8 여러 가지 메시지로 로봇을 조종해 보세요.
   메시지 블록을 이용하여 내가 넣고 싶은 대로 여러 가지 기능을 만들어 보세요.

✲ 나만의 프로그램

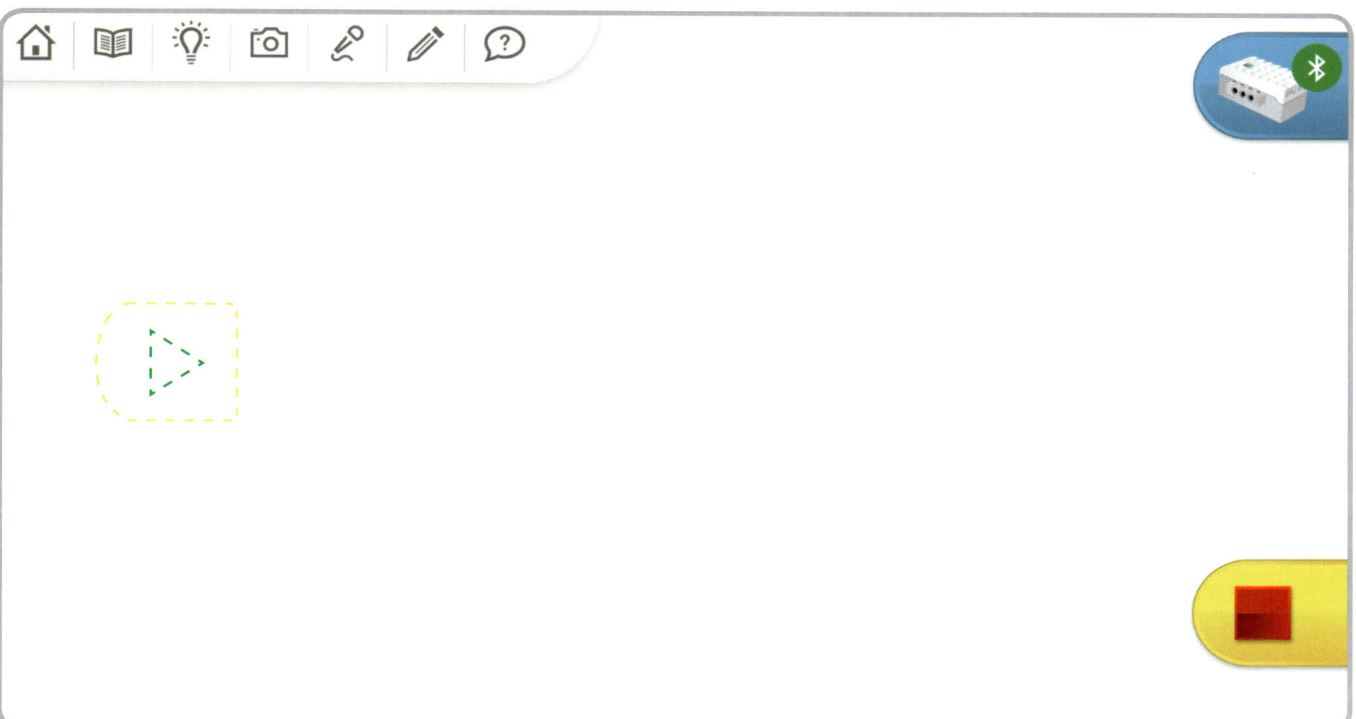

정리하기

① 기울기 센서는 5가지 상태를 가지고 있어요.

② 컴퓨터의 마이크를 이용해 녹음하고 소리 블록의 0번에 저장할 수 있어요.

③ 메시지 보내기를 이용하면 여러 가지 상태에 따라 다른 프로그램을 작동시킬 수 있어요.

겨울5 사랑을 전해요.

1 아이들에게 보낼 선물이 너무 많아요. 선물을 분류해 쉽고 빠르게 아이들에게 보내볼까요?

① 여러 가지 선물을 어떻게 분류하면 좋을까요?

② 선물을 분류하는 나만의 방법을 이야기해 보세요. (색깔별 / 크기별 / 지역별 등)

2 선물을 무게에 따라 분류하려면 어떻게 해야 할까요?

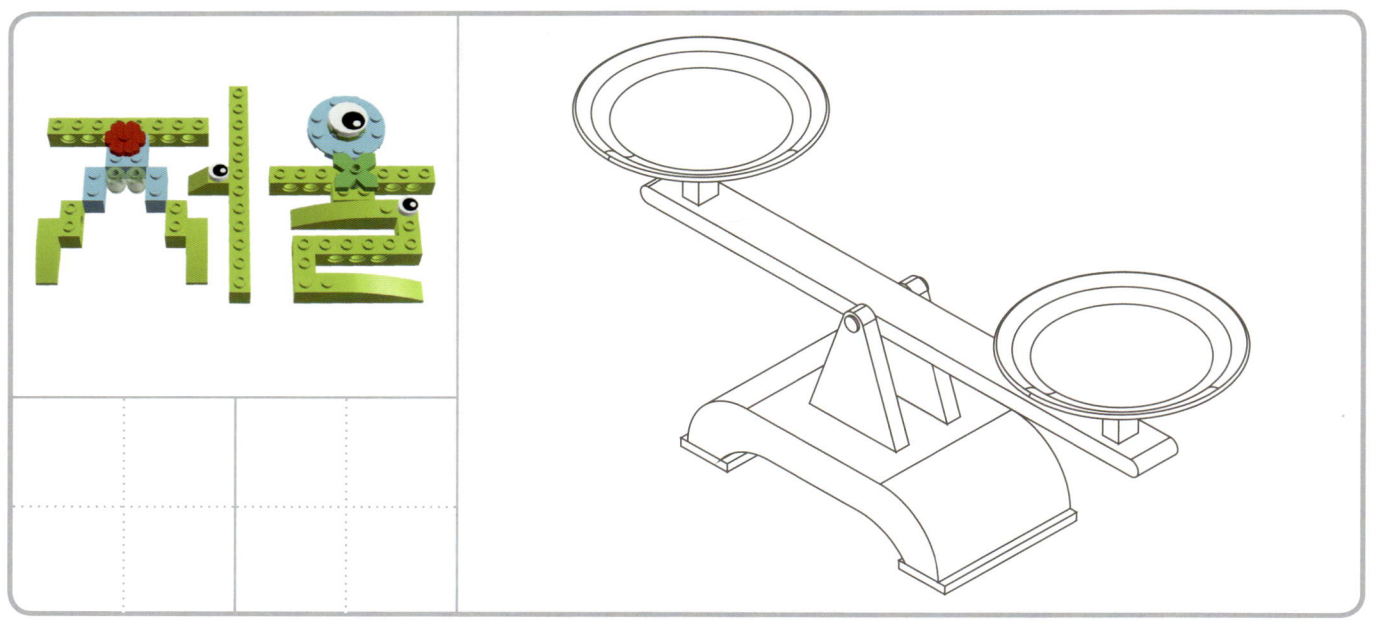

3 저울은 무게에 따라 선물을 구별하는 장치예요. 어떻게 움직일까요?
그림을 보고 움직임을 글로 써보세요.

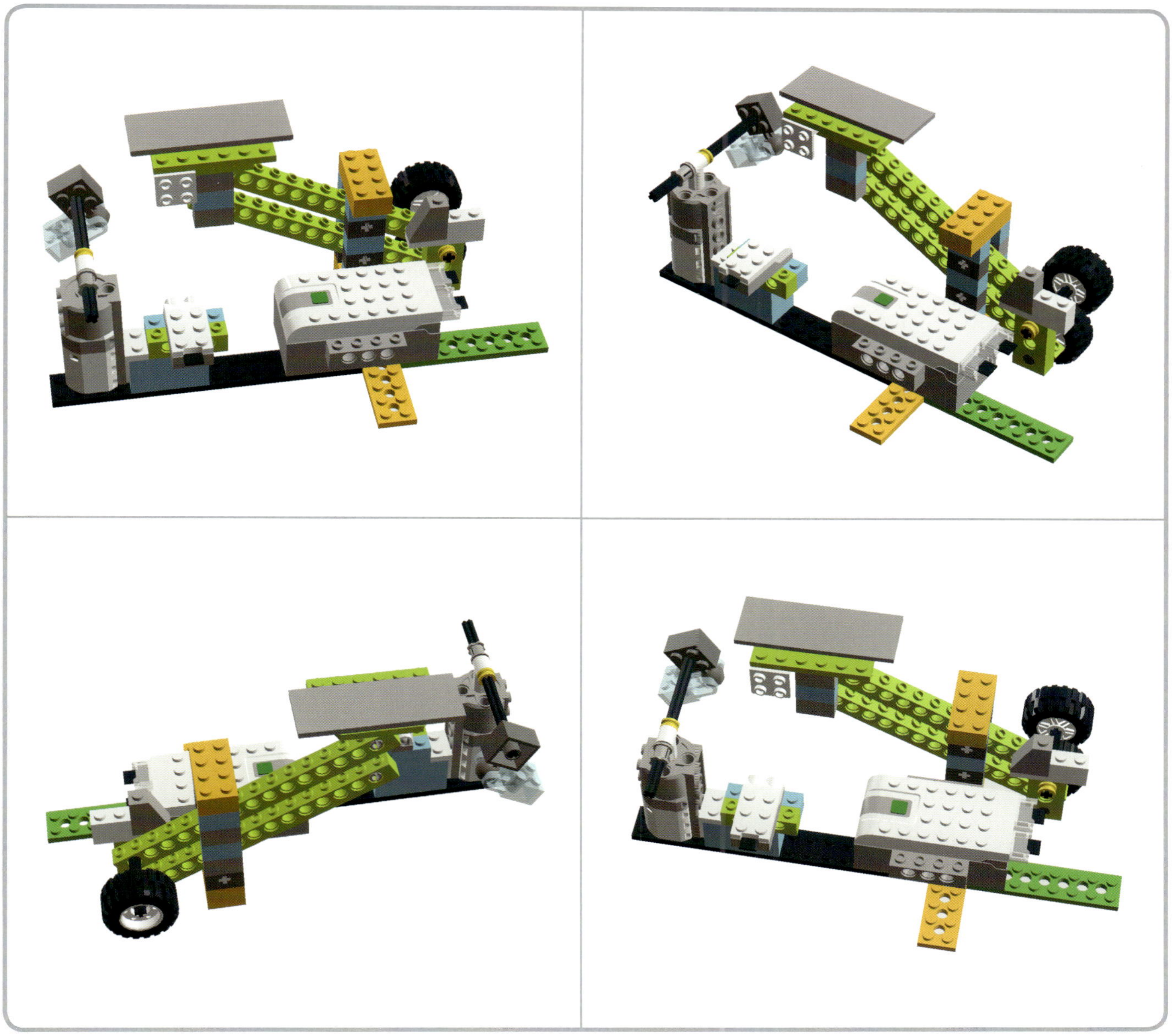

※ 양팔 저울을 만들고, 한쪽에는 무게추, 다른 쪽은 선물을 올려놓을 수 있게 만들어 보세요.

※ 무게 추를 조절하여 원하는 무게가 넘으면 아래쪽으로 내려가요. 흰색 판을 동작 센서가 감지해서 모터를 돌리면 선물을 내려요.

4 선물 분류 프로그램을 만들어 보세요.

✱ 동작 센서의 값을 계속 읽어서 메시지를 보내려면 빈 곳에 어떤 블록을 써야 할까요?

5 선물을 감지하여 메시지를 받으면 모터가 한 바퀴만 돌게 하고 싶어요. 어떻게 코딩해야 할까요?

✱ 선물이 없거나 가벼우면 빨간색 신호가 돼요. 위의 프로그램에서 선물을 감지했을 때 파란빛이 나오도록 블록을 추가해 보세요.

6 화면 표시 블록에 글자를 표시해 보세요.

 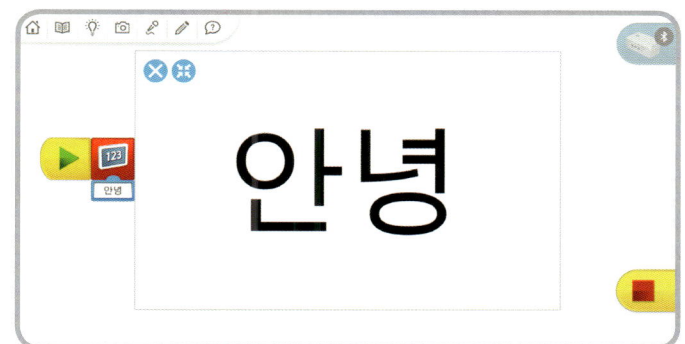

❋ 글자를 넣으면 화면에 글자가 나와요!

❋ 이런 것도 할 수 있어요.

     화면을 작게   화면을 크게   화면 닫기

❋ 큰 화면에 '안녕' 글자가 나오고 1초 후에 화면을 닫게 해 보세요.

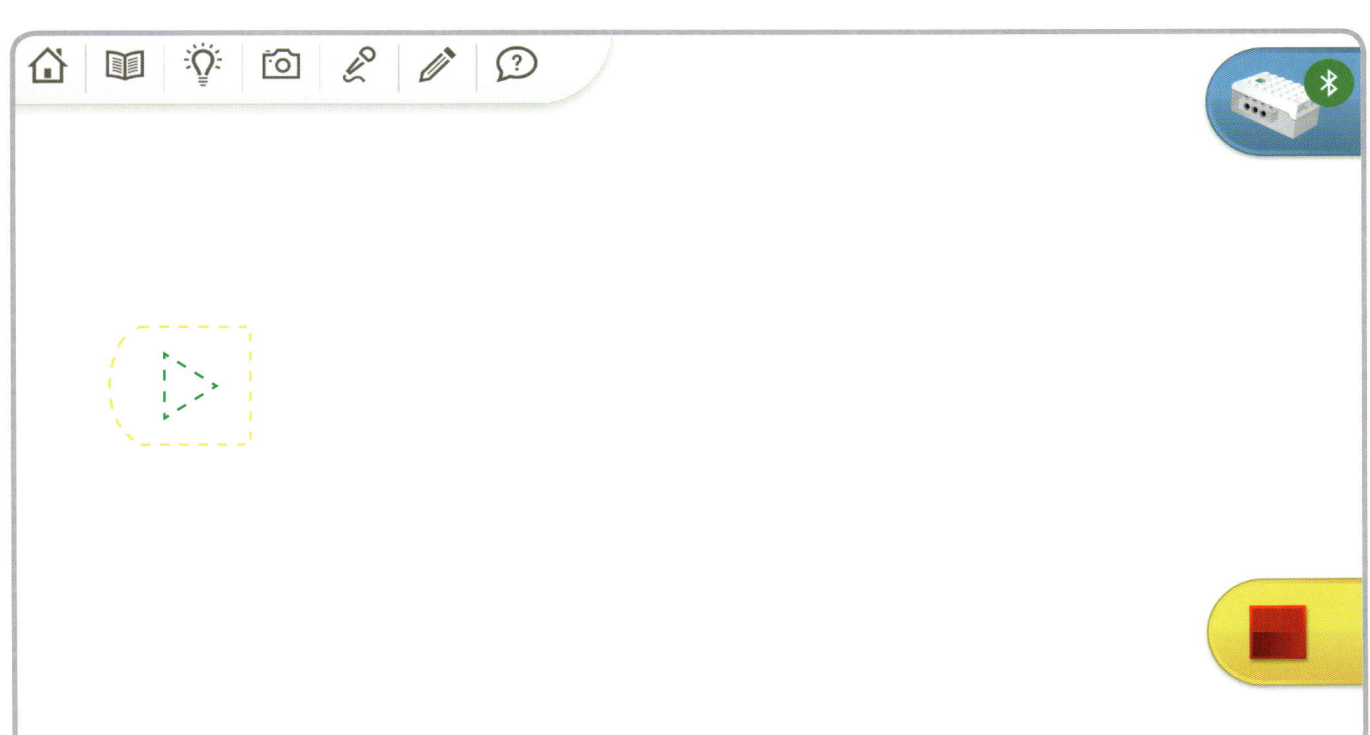

7 큰 화면에서 '준비 중' 글자가 1초 나오고 '분류 중'이라는 글자가 나오면서 메시지를 보내는 프로그램을 만들어 보세요.

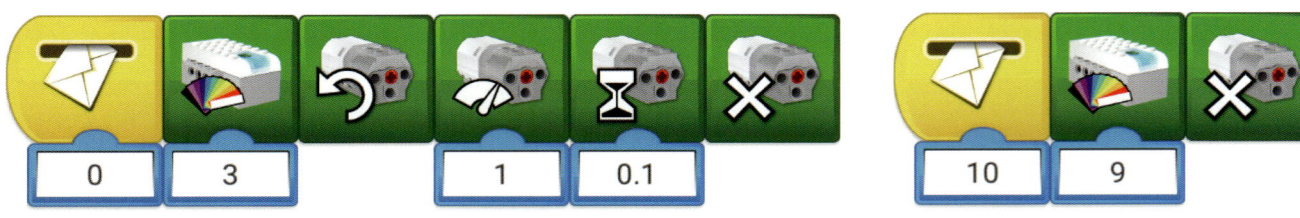

8 소리 블록을 이용하여 분류 작업 중에 소리가 날 수 있도록 만들어 보세요.

겨울5 사랑을 전해요.

협력 활동

더 빠르게 많은 선물을 구별할 수 있도록 친구들과 협업하여 분류해 보세요.

❈ 무게 추를 다르게 해서 좀 더 자세하게 분류해 보세요.

첫 번째 친구는 블록 2개 이상이면 분류되도록 무게 추 맞추기

두 번째 친구는 블록 3개 이상이면 분류되도록 무게 추 맞추기

세 번째 친구는 블록 4개 이상이면 분류되도록 무게 추 맞추기

❈ 또 다른 여러 가지 방법으로 물체를 분류할 수 있도록 만들어 보세요.

정리하기

지레 이야기

일상생활에 흔히 볼 수 있는 시소, 병따개, 손톱깎이, 젓가락 등은 지레의 원리를 사용했어요.

① 지레의 원리를 사용하는 시소를 레고® 브릭으로 만들어 보세요.

② 지레의 원리를 사용하는 젓가락을 레고 브릭으로 만들어 보세요.

겨울6 우리는 메이커

1 여러 가지 팽이 놀이를 살펴볼까요?

✿ 여러 가지 팽이의 모양과 돌리는 방법을 친구들과 말해 보세요.

2 나만의 팽이를 그림으로 그려 보세요.

3 팽이 시합 규칙을 정해 보세요.
예) 오래 돌리기, 색깔 만들기 등

우리도 할 수 있어요.

[도전 1] 팽이 발사기를 만들어 팽이를 돌려 보세요.

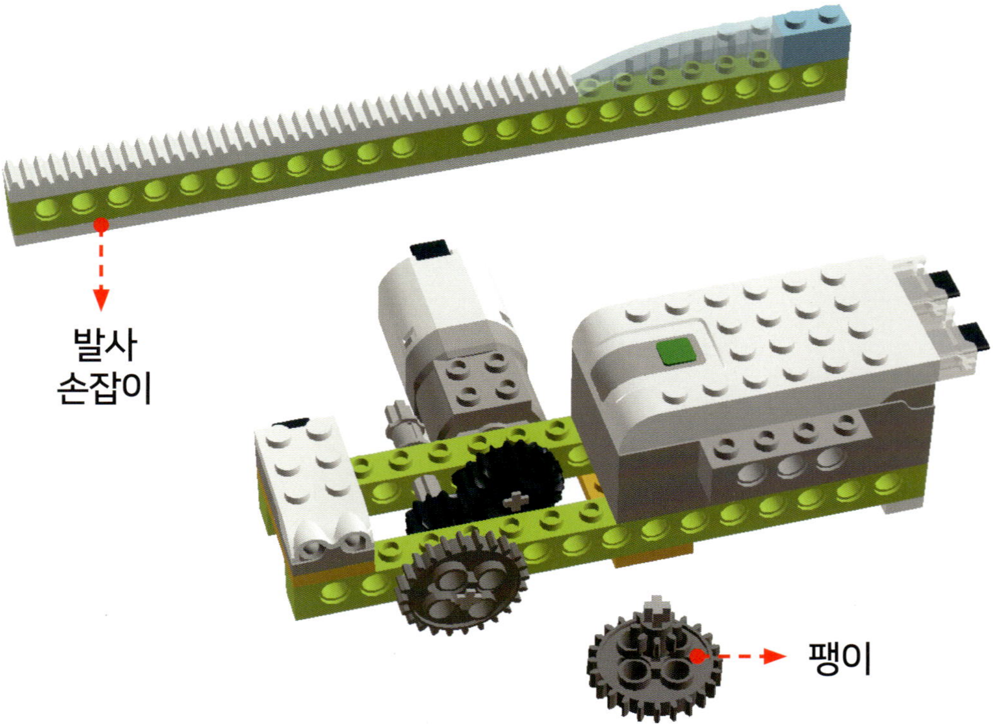

발사 손잡이

팽이

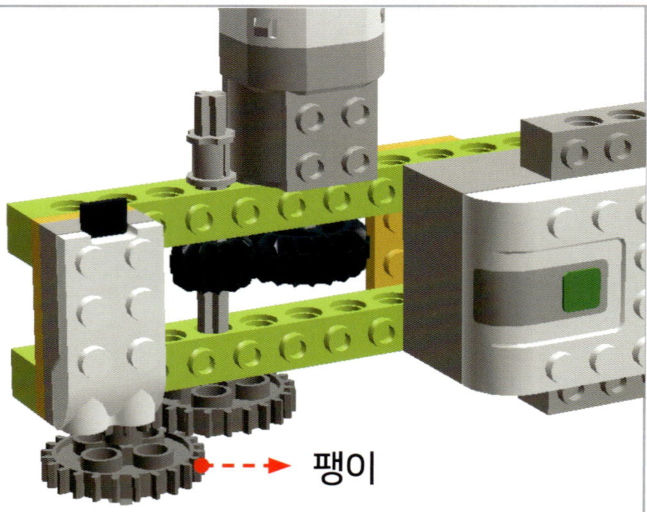

모터로 돌릴 때  | 발사 손잡이로 돌릴 때

✿ 간단한 모터 회전 프로그램으로 팽이를 돌려 보세요.

겨울6 우리는 메이커

[도전 2] 팽이 시합 프로그램을 만들어 보세요.

- 앞에서 배운 카운트다운 프로그램을 만들어 시합해 보세요.
- 발사기에 달린 동작 센서로 팽이를 발사하면 시간을 측정해주는 프로그램을 만들어 보세요.

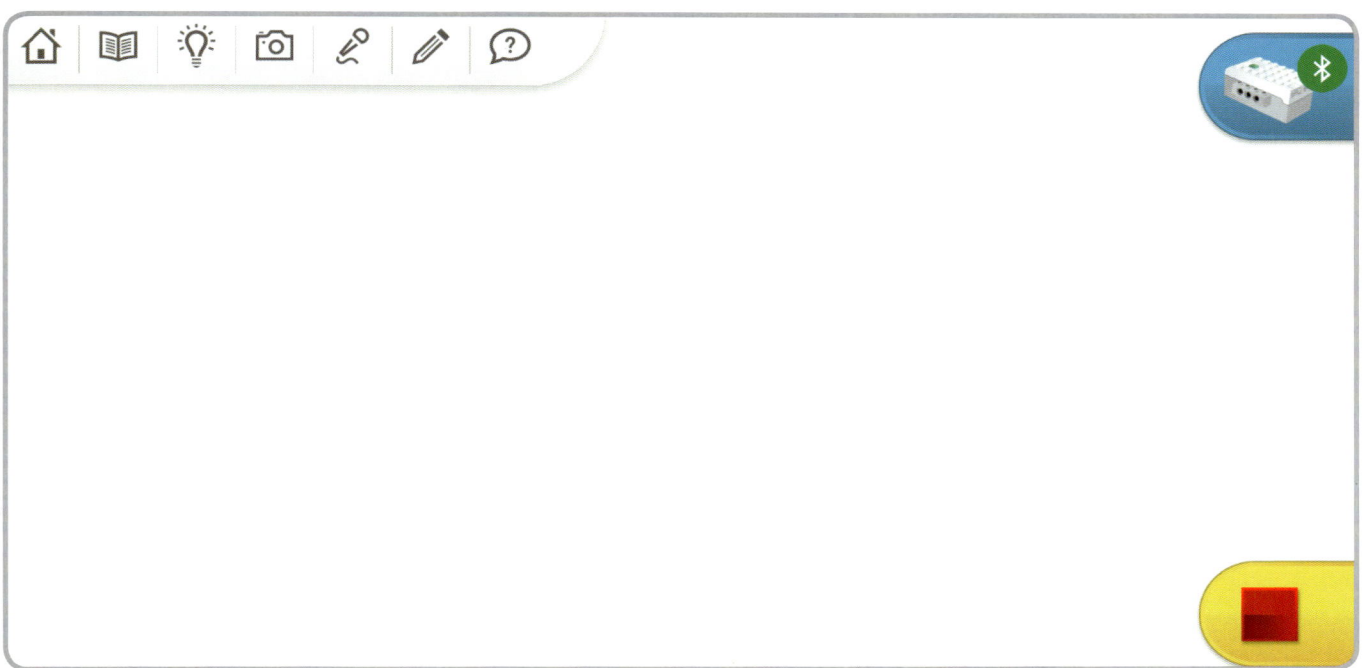

- 팽이 시합에 필요한 여러 가지 프로그램을 만들어 보세요.

[도전 3] 팽이가 더 잘 돌게 하는 방법을 찾아보세요.

- 기어 대신 고무줄과 도르래를 이용해 보세요.
- 기어 비율을 바꿔보세요.
- 팽이 모양을 바꿔보세요.

[도전 4] 마술 팽이를 만들어 보세요.

- 팽이 위에 색 스티커를 붙여 보세요.
- 팽이가 돌 때 여러가지 색이 어떻게 변하는지 살펴브세요.

놀이 시간! 모두 함께 만든 팽이로 팽이 시합을 즐겨 보세요!

LEGO® Education WeDo 2.0
살아있는 STEAM 학습

학생들의 호기심을 자극하고 과학, 공학, 기술 및 코딩에 관한 능력을 길러 줍니다. 독보적인 위두 2.0 솔루션은 레고® 브릭, 수업용 소프트웨어, 참여기반의 표준 프로젝트로 학생들의 학습 욕구와 훌륭하게 조합됩니다.

레고® 에듀케이션 위두 2.0은 손쉬운 소프트웨어와 지능형 구성 요소의 조합을 이용해 교육과정에 포함된 모든 과학 영역에 걸쳐 새로운 발견의 즐거움을 느낄 수 있는 과학 프로젝트를 구성할 수 있는 힘을 부여합니다.

WeDo 2.0 코어 세트

45300

이 세트는 최신 과학 표준에 기초하여 학생들의 호기심과 과학 기술 증진에 도움이 되도록 설계되었습니다. 이 세트는 분류용 트레이가 포함된 보관 상자에 담겨 제공되며, 라벨, 스마트허브, 미디엄 모터, 동작 센서, 기울기 센서, 그리고 두 명의 학생이 사용하기에 충분한 조립 부품이 들어 있습니다.

세트에 동봉된 소프트웨어는(데스크탑 및 태블릿 지원) 사용하기 간편한 프로그래밍 환경을 제공하며, 생물, 물리, 지구, 우주과학 및 엔지니어링 등의 주제를 포괄하는 WeDo 2.0 커리큘럼 팩이 함께 포함되어 있습니다. 또한 교사들이 WeDo 2.0 코어 세트를 능숙하게 사용할 수 있도록 온라인 프로그램이 함께 제공됩니다.

솔루션 구성

- 위두 2.0 코어 세트   1
- 위두 2.0 소프트웨어 & 커리큘럼 팩

www.handsontech.co.kr
cafe.naver.com/handsontechnology

WeDo 2.0 커리큘럼 팩

45300

이 커리큘럼 팩은 생명, 물리, 지구 및 우주과학 영역을 중심으로 조사와 실험 활동을 장려합니다. 최신 과학 표준에 기초하여 개발된 이 팩은 초등 교육자들이 중요한 과학 분야의 콘텐츠를 수업에 활용하는 동시에 공학, 기술 및 컴퓨팅 영역에 관한 활동을 통합할 수 있도록 지원합니다.

LEGOeducation.com/downloads 에서 커리큘럼팩을 다운로드 하세요.

T : 02-2608-2633 F : 02-2608-2634

(주)핸즈온테크놀러지는 덴마크 LEGO Education과 공식 파트너계약을 체결하고 한국 내 대학 및 초·중·고등학교에 제품을 공급하고 있습니다.
LEGO® MINDSTORMS® Education 제품 및 프로그램이 가능한 EV3 브릭은 (주)핸즈온테크놀러지를 통해 구입한 제품에 한해서 공식 A/S가 가능합니다.

소프트웨어 & 메이커교육 선도기업

Authorised LEGO® Education Partner